本书是河海大学中央高校基本业务费项目"大国与西共体国家关系研究"（B220207016）以及国际引导资金项目（编号：1062—B220170522）阶段性成果

西非经济共同体
国家系列教材

王朝文　张海榕 | 总主编

塞内加尔

A series of textbooks for countries of
the Economic Community of
West African States

游　滔　周少平

编著

中国社会科学出版社

图书在版编目（CIP）数据

西非经济共同体国家系列教材. 塞内加尔 / 游滔等编著. —北京：中国社会科学出版社，2023.12
ISBN 978 – 7 – 5227 – 2746 – 2

Ⅰ.①西… Ⅱ.①游… Ⅲ.①塞内加尔—概况 Ⅳ.①K943

中国国家版本馆 CIP 数据核字（2023）第 218060 号

出 版 人	赵剑英
责任编辑	喻 苗
责任校对	任晓晓
责任印制	王 超

出　　版	中国社会科学出版社
社　　址	北京鼓楼西大街甲 158 号
邮　　编	100720
网　　址	http://www.csspw.cn
发 行 部	010 – 84083685
门 市 部	010 – 84029450
经　　销	新华书店及其他书店
印　　刷	北京明恒达印务有限公司
装　　订	廊坊市广阳区广增装订厂
版　　次	2023 年 12 月第 1 版
印　　次	2023 年 12 月第 1 次印刷
开　　本	710×1000　1/16
印　　张	11.25
字　　数	162 千字
定　　价	58.00 元

凡购买中国社会科学出版社图书，如有质量问题请与本社营销中心联系调换
电话：010 – 84083683
版权所有　侵权必究

序
preface

非洲，对我们大多数国人来说，这是一个熟悉而神秘的大陆。从熟悉的一面来说，我们天天能在新闻中了解到、文件中看到的这个地域概念。非洲也愈来愈成为我们国人向往的旅游打卡地和各领域合作的热土。说神秘，普遍认知为，这是一个黑色人种，保留着原始生活形态、经济社会发展落后，战乱频仍的大陆。造成对非洲认知欠缺状况的主要原因，可归结为一是距离遥远，二是交流不畅，三是信息受限。现实中，中非交流合作不断加强，我们对非洲大陆的认知需要加强。对千差万别的单一非洲国家要从政治生态、社会生活、文化艺术、经济状态等领域去了解和认识，对当下中非友好合作尤为重要。

非洲历史悠久，幅员广袤，资源丰富，发展潜力巨大。中国非洲国家友谊源远流长，基础坚实。中非有着相似的历史遭遇，在争取民族解放的斗争中始终相互同情、相互支持，结下了深厚的友谊。自新中国成立后，中非合作开创了人类历史上，国家间双边合作的新理念、新模式、高效益。中国作为世界上最大的发展中国家，一贯秉持国际人道主义，坚守国际社会达成的减贫目标，以力所能及的经济技术能力帮助非洲国家，长期坚持发展援助。尤其在长达近半个多世纪的时间里，中国援助非洲获得了举世瞩目的成果，得到非洲国家政府和民众的充分肯定和高度赞赏。中国援非早期主要集中在人道主义援助，随后逐渐转向技术援助，中国始终坚

塞内加尔

持"授人以鱼不如授人以渔"的援非理念，向非洲国家提供基础设施和社会公共服务设施的建设，帮助建设公路、桥梁、水库、医院、学校、体育场馆等，以及教育、医疗卫生、人力资源培训等援助项目，部分满足了非洲经济社会发展的最基本需要。中非关系长盛不衰的动力在于，始终坚持真诚友好、平等互利、团结合作、共同发展的中非交往与合作原则。中非合作成果丰硕。中非合作堪称国际合作典范，倍受国际社会，尤其是发展中国家的关注和钦佩。中国向非洲国家提供了力所能及的援助，非洲国家也给予中国诸多有力的支持。周恩来总理曾说过，非洲兄弟把中国抬进联合国。中非在国际事务中团结、合作，对重大国际和地区问题经常交换看法、协调立场，在涉及各自国家主权、领土完整、民族尊严和人权等重大问题上相互支持。绝大多数非洲国家恪守一个中国原则，支持中国统一大业。中非共同致力于加强联合国的作用，维护《联合国宪章》的宗旨和原则，坚决捍卫世界和平，倡导多边主义。坚决反对霸权主义、单边主义、种族主义，倡导建立公正合理、平等互利的国际政治经济新秩序，推进国际关系的民主化和法治化。如今在非洲年轻人眼中，中国已超过美国成为对非洲产生最大积极影响的国家。2000年中国和非洲国家之间在南南合作范畴内开展集体对话机制，正式成立了中非合作论坛。论坛成员包括中国和中国建交53个国家和非洲联盟委员会。2013年中国国家主席习近平提出对非合作"真实亲诚理念"和正确义利观。2015年，习近平主席在中非合作论坛约翰内斯堡峰会上，把中非关系由"新型战略伙伴关系"提升为"全面战略合作伙伴关系"。2018年，习近平主席在论坛北京峰会上提出，中非双方携手打造"责任共担、合作共赢、幸福共享、文化共兴、安全共筑、和谐共生"的中非命运共同体。2021年，习近平主席在论坛第八届部长会开幕式讲话中提出，构建新时代中非命运共同体，提炼总结"中非友好合作精神"，宣布中非务实合作"九项工程"。中非合作论坛成立以来，中国企业为非洲新增和升级铁路超过1万公里，公路近10万公里，桥梁近千座、港口近百个，还有大量医院和学校。中非合作不因一时一势发生变化，

序

而是几十年如一日地持续推进，以切实合作实现共赢，赢得非洲人民广泛欢迎。中国向非洲国家提供了力所能及的援助，非洲国家也给予中国诸多有力的支持。如今在非洲年轻人眼中，中国已超过美国成为对非洲产生最大积极影响的国家。

非洲有56个国家，我们了解相对比较多的，如埃及、南非、肯尼亚、摩洛哥等旅游国家，但对非洲内陆和西非等国家知之甚少，这些国家同样是我们的朋友和合作伙伴。需要我们去学习了解。但遗憾的是这方面的书籍材料不多。

《西非经济共同体国家系列教材——塞内加尔》一书是国别研究成果，全方位介绍了塞内加尔的历史、国情和对外关系，从国家制度、社会生活、经济发展和文化教育等各领域全面详细地向读者一一介绍。该书注重数据可靠性，材料真实性，书籍实用性，突出知识性，可读性。言简意赅地阐述了历史、地理、人物等不变或少变的林林总总，全面详尽地介绍了政治、经济、产业和对外关系等涉及合作的基本条件。这对于需要了解塞内加尔，这一西非国家的学者、企业家、旅游者都是一本值得参考的可靠资料。

孙树忠
前中国驻卢旺达、摩洛哥大使

目录 contents

第一章 国情概览 ··· 1

第一节　自然地理 ··· 2
    一　地理位置和地形地貌 ··························· 2
    二　气候特点 ··· 3
    三　河流与湖泊 ······································ 4
    四　自然资源 ··· 4

第二节　国家制度 ··· 7
    一　国旗国徽国歌 ··································· 7
    二　主要节日 ··· 9
    三　行政区划和主要城市 ··························· 10
    四　政治体制 ··· 13
    五　共和国的四任总统 ····························· 17
    六　立法与司法 ······································ 18
    七　政党与社团组织 ································ 23
    八　武装力量 ··· 26

第三节 社会生活 … 30

一 人口 … 30
二 民族 … 31
三 语言 … 33
四 宗教 … 34
五 社会制度 … 39
六 风土人情 … 40
七 民生 … 43
八 医疗卫生 … 46
九 教育 … 48
十 体育 … 53
十一 新闻媒体 … 54

第二章 历史沿革 … 57

第一节 古代简史 … 58

第二节 近代简史 … 60

一 最早到塞内加尔的殖民者 … 60
二 法国征服塞内加尔 … 61
三 反抗法国殖民者入侵 … 62
四 法国在塞内加尔的殖民统治 … 63

第三节 现代简史 … 65

一 塞内加尔民族意识的觉醒 … 66
二 反法西斯战争与塞内加尔 … 67
三 宪政改革与实现自治 … 69
四 走向独立的曲折进程 … 70

第四节 当代简史 … 72

一 桑戈尔执政时期（1960—1980年） … 72

二　迪乌夫执政时期（1981—2000年） ………… 75
三　瓦德执政时期（2000—2012年） ………… 80
四　萨勒执政时期（2012年起） ………………… 81

第五节　著名人物 …………………………………… 82
一　哈吉·奥玛尔·塔尔（Haji Oumar Tall，1794—1864）
　　………………………………………………… 82
二　马巴·迪亚胡·巴（Maba Thiahou Ba，1809—1867）
　　………………………………………………… 83
三　拉明·盖耶（Lamin Gueye，1891—1968） ……… 83
四　列奥波尔德·塞达·桑戈尔（Léopold Sédar Senghor，
　　1906—2001） …………………………………… 84
五　阿卜杜·迪乌夫（Abdou Diouf，1935— ） ……… 87
六　阿卜杜拉耶·瓦德（Abdoulaye Wade，1926— ） … 88
七　麦基·萨勒（Macky Sall，1961— ） ……………… 88

第三章　文学艺术 …………………………………… 91

第一节　文学 ………………………………………… 92
一　诗歌 …………………………………………… 93
二　小说 …………………………………………… 94
三　"黑人性"文化运动 …………………………… 98

第二节　电影与戏剧 ………………………………… 99
一　电影 …………………………………………… 99
二　戏剧 …………………………………………… 101

第三节　音乐与舞蹈 ………………………………… 102
一　音乐 …………………………………………… 102
二　舞蹈 …………………………………………… 106

第四节　工艺美术 …………………………………… 107

第五节　文化设施 …………………………………… 108

第六节　国际文化交流 ……………………………… 109

第四章 经济概况 …………………………………… 111

第一节　经济的基本特征 ………………………… 112

第二节　经济发展战略和政策的演变 …………… 117

第三节　工业概况 ………………………………… 119

一　采矿业 ………………………………………… 121

二　电力工业 ……………………………………… 123

三　制造业 ………………………………………… 124

四　建筑和公共工程 ……………………………… 125

第四节　农业概况 ………………………………… 125

一　种植业 ………………………………………… 127

二　畜牧业 ………………………………………… 128

三　渔业 …………………………………………… 128

第五节　旅游业 …………………………………… 131

一　旅游业发展概况 ……………………………… 131

二　自然和文化景观 ……………………………… 132

第六节　财政与外国投资 ………………………… 140

第七节　交通与电信 ……………………………… 144

一　交通运输 ……………………………………… 144

二　电信 …………………………………………… 146

第八节　对外贸易 ………………………………… 147

第五章 对外关系 ········· 149

第一节 外交特点与政策演变 ········· 150

第二节 与大国及邻国关系 ········· 153
    一 与法国的关系 ········· 153
    二 与美国的关系 ········· 156
    三 与俄罗斯的关系 ········· 157
    四 与中东伊斯兰国家的关系 ········· 158
    五 与邻国关系 ········· 159

第三节 与中国的关系 ········· 162

参考文献 ········· 167

后 记 ········· 168

第一章 国情概览

塞内加尔

第一节 自然地理

一 地理位置和地形地貌

塞内加尔,全称塞内加尔共和国,位于撒哈拉以南地区、非洲大陆西端,西临大西洋。因其所处地理位置,塞内加尔成为进入非洲的门户和通往其他大陆的十字路口,无论是在非洲还是世界上都享有特殊的地位。

塞内加尔有五个邻国,分别是冈比亚、毛里塔尼亚、马里、几内亚和几内亚比绍,长条状的冈比亚被包裹在塞内加尔南部地区。首都达喀尔位于佛得角半岛,是塞内加尔的政治、经济和文化中心。塞内加尔的国土面积为196712平方公里(塞国家统计局),略大于中国河北省,有500多公里的海岸线。

塞内加尔地理位置优越,是非洲大陆距离美洲最近的地方。因此,殖民时期,奴隶贩子把达喀尔作为贩卖奴隶的中转站。就自然环境而言,塞内加尔属于萨赫勒地区。萨赫勒地区指撒哈拉沙漠以南的边缘地带,包括索马里、塞内加尔等十几个国家,该地区的特点是干旱少雨。

古时,塞内加尔是在北非和西非之间往返的沙漠商队的主要驿站。沙漠商队经由塞内加尔穿过撒哈拉沙漠,把西非内陆的树胶、黄金、盐、象牙等商品运往北非,从北非运回印度、西亚和欧洲的蓝麻布服装、日用品和武器等商品。

塞内加尔大部分国土为平原,东部和东南部有丘陵高地,平均海拔不超过75米。根据地形特点,塞内加尔可划分为沿海地带、西部滨海平原、塞内加尔河谷地（北部）、西部平原、菲尔洛低高原（东北部）、卡萨芒斯（南部）、东部山丘七个地区。西部平原占国土面积的四分之一，是塞内加尔主要的农业区，是花生的主要产地。菲尔洛低高原是西部平原向内地的延伸地区，是塞内加尔主要牧区之一。卡萨芒斯区分上、中、下卡萨芒斯三部分，下卡萨芒斯地势低平，是塞内加尔的水稻产区。东部山丘地区向东向南一直延伸到马里和几内亚边境，地下有丰富的金属矿藏。

二　气候特点

塞内加尔拥有夏雨冬干型的热带草原气候，因地处北回归线以南，太阳直辐射强，终年高温成为其气候的主要特点。年平均气温29℃，9—10月气温最高，北部、中部内陆地区高温时达到44℃，甚至48℃。

每年有旱季和雨季两个季节，11—5月为旱季，6—10月为雨季，南部雨季持续时间略长。降雨量分布不均，因为季风来自南方，塞内加尔南部的降雨量多于北部，北部年降雨量低于600毫米，南部年降水量可达1500毫米。雨季白天气温约为30℃，每次降雨持续时间不长，雨后便是烈日炎炎。旱季白天的气温约为26℃。如按降雨量，全国可分为北部、中部、南部三个地区，北部半沙漠化，中部以草原为主，南部多森林。

塞内加尔全年高温，干湿分明，与大陆和海洋气团的交替影响有很大关系。塞内加尔大部分地区为冲积平原，不存在任何气候上的屏障。热带大陆气团水分含量少，形成东北信风（大陆信风）和来自撒哈拉沙漠干燥多沙的哈马丹风，使塞内加尔气候炎热干燥。从1月开始，半年甚至更长的时间，塞内加尔受到炎热干燥的大陆气团控制。6月起，温暖潮湿的热带海洋气团形成西南风，带来大量的降水和高温。

不同地区的气候特点存在差异，沿海地区气候凉爽，中部和南部大陆气候特征突出，白天炎热，夜晚凉爽，东部和北部热带气候特点明显。例如，12月至次年1月，达喀尔的温度一般在26℃上下，而在内陆地区可

塞内加尔

达 32—35℃。

三　河流与湖泊

塞内加尔的主要河流有塞内加尔河、冈比亚河、萨卢姆河和卡萨芒斯河。塞内加尔还有盖尔湖、唐马湖和雷特巴湖三大湖泊。

塞内加尔河全长 1430 公里，是西非较大的河流，发源于几内亚富塔贾隆高原。富塔贾隆高原位于几内亚中西部，是西非主要河流的发源地，被称为"西非水塔"。塞内加尔河流经几内亚、马里、塞内加尔、毛里塔尼亚等国，注入大西洋。塞内加尔河上游河段叫巴芬河，在马里的巴富拉贝与巴科依河汇合，始称塞内加尔河。塞内加尔河在塞内加尔境内的长度为 850 公里，是塞内加尔与毛里塔尼亚的界河。关于塞内加尔名字的由来有多重猜测，其中之一就与塞内加尔河有关。

冈比亚河全长约 1120 公里，也发源于几内亚的富塔贾隆高原，流经几内亚、塞内加尔和冈比亚，注入大西洋。1783 年，英法签署《凡尔赛和约》，和约将冈比亚河沿岸地区划归英国，塞内加尔划归法国。1889 年，英国和法国就冈比亚边界达成协议。沿河形成的冈比亚长条版图像横在塞内加尔北部与南部卡萨芒斯地区之间的一堵高墙，成为影响卡萨芒斯发展和塞内加尔政府对该地区控制的巨大障碍，卡萨芒斯分离主义运动长期困扰塞内加尔。

为了共同开发利用塞内加尔河和冈比亚河资源，塞内加尔同马里、毛里塔尼亚成立了"塞内加尔河开发组织"，同冈比亚、几内亚、几内亚比绍成立了"冈比亚河开发组织"。

四　自然资源

塞内加尔的矿产资源潜力巨大，主要有磷酸盐、铁、黄金、铜、钴石、钛等。塞内加尔的金属矿资源主要有铁矿、铜矿、钛铁矿、黄金、钻石等，其他矿产资源有磷酸盐、大理石、石灰岩、石墨、石油等。储藏量较大的矿藏主要是铁矿、磷酸盐、黄金、商用钛、海盐等，近几年发现了较大规模的油气田。

磷酸盐 塞内加尔是世界十大磷酸盐生产国之一，估计储量为5亿—10亿吨，磷酸盐是国家大力开发的矿产资源。2017年，塞内加尔总理迪奥纳称，塞内加尔有望成为世界三大磷酸盐生产国之一，新发现的磷酸盐储量达到1.2亿吨。

黄金 塞内加尔是非洲主要黄金生产国之一，矿藏主要集中在塞内加尔东南部的凯杜古地区。萨博达拉金矿（Sabodala）黄金储量丰富，是塞内加尔乃至整个西非最大的金矿，估计储量240万盎司。第二大金矿是位于中部地区的娄卢古柯多金矿（Loulo-Gounkoto），估计储量160万盎司。此外，还有法雷美金矿和迪亚巴图金矿（Diabatou）。塞内加尔矿业与地质部部长预测，2035年，塞内加尔有望成为非洲七大金矿出口国之一。

铁矿 塞内加尔已探明的铁矿储量为7.5亿多吨，铁矿包括赤铁矿和磁铁矿。塞内加尔矿业和地质部透露，位于塞内加尔东南部法雷美（Falémé）铁矿已探明的储量达6.3亿吨。法拉加利亚（Farangalia）和果托（Goto）储量为2.5亿吨。

石油 塞内加尔的石油勘探始于20世纪50年代，独立后的数十年中，勘探工作没有重大发现。1967年，在塞南部的卡萨芒斯沿海发现重油，估计储量1亿吨，但因为利润不高没有开采。1987年，在塞内加尔和几内亚比绍相邻海域发现石油，两国于1993年达成协议，共同探测、开发、开采石油20年。1997年，塞内加尔在捷斯地区发现天然气资源，估计储量约100亿立方米，如果用于发电，可持续30年。1997年和1998年，塞内加尔政府先后推出新的石油法和矿产法，进一步鼓励对塞内加尔矿产资源的开发。众多国际石油公司在塞内加尔近海地区勘探石油。2014年，英国凯恩公司（Cairn Energy）宣布，在距达喀尔以南100公里的桑戈玛（Sangomar）

地区发现了大油田,估计储量为25亿桶。2015年,美国科斯摩斯能源公司(Kosmos Energy)宣布发现横跨塞内加尔和毛里塔尼亚的大型天然气矿床,被命名为GTA。据估计,GTA的天然气储量为4200亿—5600亿立方米,可开采20年。英国石油公司称,不排除其储量达到28000亿立方米,但需要通过勘探加以证实。2019年,在达喀尔以北95公里的Cayar地区发现天然气田,有望产出5660亿立方米天然气。

海盐 塞内加尔西部沿海的很多地方生产海盐,最重要的产地是萨卢姆沿海。塞内加尔是西非最大的产盐国,约三分之一的盐产量出自小作坊,供本国和邻国的食盐市场之需。根据塞内加尔国家统计局的数据,2019年1—11月,塞内加尔海盐产量为26万吨。

森林 塞内加尔林业资源丰富,全国共有200多个森林保护区,有2100多个植物树种。由于过度砍伐、森林火灾、采矿业发展等,森林面积逐步减少。2000年,塞政府开始实施禁止在森林保护区中开发矿产的政策。2021年,绿色和平组织在一篇文章中指出,从1990年到2015年,塞内加尔的森林面积从934万公顷减少到827万公顷,25年间100多万公顷森林消失了。

塞内加尔的植物属热带植物,因降雨量和气候类型不同,植物分布由北向南可划分为萨林勒植物带、苏丹植物带、几内亚植物带和海滨植物带四个各具特点的植物带。其中,苏丹植物带几乎覆盖塞内加尔面积的三分之二。植物种类较多,草本类是这里最普遍的植被,以多年生禾本科为主。主要乔木树种有猴面包树、角豆木、牛油果树、微白相思木、罗望子和木棉。

猴面包树是塞内加尔的国树,其花被尊为国花。在塞内加尔的国徽图案中央,左边是狮子,右边就是猴面包树,国家的印章中央也有它的形象,军人的肩章上也绣着猴面包树的图案。在诗歌和民间传说中,猴面包树是被称颂的"圣树"。猴面包树属木棉科落叶乔木,有硕大的树干,随着树龄的增长,树干越来越粗。最高的猴面包树可达20米,树干周长接近30米，直径超过9米。猴面包树还是植物中的寿星，寿命可达1000—2000年。它属热带树种，能忍受40℃以上的温度。木质疏松，利于储水，进入雨季，粗大的身躯完全代替根系吸水，贮存起来，到干旱季节慢慢享用。猴面包树树皮纤维柔软坚韧，可用来织布、编绳索，干果可用于制作饮料。树叶有止泻、退烧、消炎作用，干叶粉具有抗贫血、抗痱子、滋补、润肤、抗痢疾、平喘、抗风湿的功效。

塞内加尔有550多种野生动物，这些动物中有德比羚羊、黑猩猩、狮子、豹，鸟类中有珍稀的白墙鹅、紫苍鹭、非洲篦鹭、白鹭等。塞内加尔政府为保护该国动物资源，开发旅游资源，建立了保护区和国家公园。其中，尼奥科罗—科巴国家公园、朱贾国家鸟类保护区作为自然遗产被列入《世界遗产名录》。

第二节 国家制度

一 国旗国徽国歌

塞内加尔国旗由三个平行相等的竖长方形构成，颜色从左至右依次为绿、黄、红，中央是绿色的五角星。绿色象征农业、植物和森林，黄色象征自然资源，红色象征战士为争取独立付出的鲜血，中间绿色五角星象征非洲的自由。绿、黄、红是传统的泛非颜色，源于埃塞俄比亚。在19世纪，当其他非洲国家被西方列强瓜分成为殖民地时，埃塞俄比亚于1896年战胜意大利侵略者，保住了国家主权。第二年，埃塞俄比亚选定绿、黄、红作为国旗的颜色。后来实现独立的许多非洲国家，特别是西非国家，纷纷

将这三种颜色用到自己的国旗上，以表示对埃塞俄比亚的敬意。

塞内加尔国徽的主体是被棕榈叶包裹的盾，盾面左边是代表力量和国家尊严的狮子，右边是塞内加尔的国树猴面包树，树下的绿色波纹代表塞内加尔河，棕榈叶象征国家的经济作物。盾上方是绿色五角星，下方是共和国国家勋章。缠绕棕榈叶的白色绶带上用法语写着"一个民族，一个目标，一种信仰"。国徽由法国纹章学家苏珊娜·戈蒂埃设计。

塞内加尔国歌《红狮》的词作者是塞内加尔首任总统、诗人列奥波尔德·塞达·桑戈尔，曲作者是法国民族音乐学者赫伯特·佩佩尔。歌词第一段大意是：

把科拉琴弹起来，把鼓儿敲起来，红狮在怒吼，驯狮者已经跳出丛林冲上前，散布着忧愁。要认清敌人，要看到希望，起来吧，兄弟们，眼望全非洲。肩并肩、向前进，塞内加尔人民，对于我，你们比兄弟还要亲，联合海水和泉水，联合草原和森林。万岁，非洲，母亲。

塞内加尔国花是猴面包树的花。猴面包树是树中屈指可数的长寿之星，可达1000—2000年，塞内加尔人认为它之所以有顽强的生命力是因为它有超自然的力量，把它视为力量和财富的源泉、国家的象征，希望自己的国家如它一样长寿延年。

塞内加尔的货币是非洲金融共同体法郎，简称非洲法郎或西非法郎（FCFA），欧元与西非法郎的汇率为1∶655.957。西非法郎是西非经济货币联盟8个成员国使用的统一货币。FCFA出现于1939年，最初是"非洲法国殖民地法郎"的缩写。第二次世界大战之前，法属殖民地都把自己的货币以平价与法国法郎挂钩。二战后，太平洋地区以外的法属殖民地（绝大部分在非洲）的货币合并为法属非洲殖民地法郎，可以平价兑换法国法郎。1958年，FCFA代表的全称发生了变化，变为"非洲法属共同体法郎"。随着非洲各国的相继独立，出现了两个非洲法郎区，即西非法郎和中非法郎。在西非法郎区，FCFA 代表"非洲金融共同体法郎"，在中非法郎区则代表"非洲金融合作法郎"。欧元出现之前，法国法郎和西非法郎的汇率是固定的，一个法国法郎兑换 100 个西非法郎。包括法国在内的部分欧盟国家统一使用欧元后，欧元和西非法郎的汇率也是固定的，即一个欧元兑换 655.957 个西非法郎。为促进地区贸易和经济增长，2019 年西非国家经济共同体宣布，将于 2020 年推出新的单一货币，新货币被命名为"Eco"（艾克）。但受新冠疫情影响，发行单一货币的计划被推迟。2021 年 6 月 19 日，西非国家经济共同体成员国阿克拉峰会决定 2027 年发行单一货币 Eco。

二 主要节日

塞内加尔人的节日名目繁多，除了元旦、"五一"国际劳动节、"三八"妇女节等世俗节日，还有伊斯兰教的宰牲节、开斋节，以及天主教和基督教的圣诞节、复活节、五旬节、万圣节等。塞内加尔国庆日是 4 月 4 日。1960 年 4 月 4 日，塞内加尔同法国签署"权力移交"协定后独立，这一天被定为国庆日。

由于大多数塞内加尔人是穆斯林，宰牲节和开斋节是塞内加尔的重要节日。其他宗教节日有阿舒拉节（Tamkharit）、在图巴举行的马加尔节（Magal de Touba），以及纪念穆罕默德降生的圣纪节（当地称 Gamou）。阿舒拉节是什叶派穆斯林纪念先知穆罕默德的外孙侯赛因遇难的日子。阿舒拉节也标志着穆斯林新的一年的开始。在这一天，塞内加尔的穆斯林要探望孤儿、病人，体现团结和分享精神，妇女要制作叫作 Thiéré Bassi salté 的塞内加尔古斯古斯，与邻居和朋友分享。按当地习俗，在这个节日，人们要尽可能地多吃，不这样做，就会在新的一年里得不到满足。

马加尔节是穆斯林穆里德教派在图巴举行的盛大节日，节日为期两天。其间，机关、学校、工厂一律放假，商店停业，全国的正常工作和生

活陷于停顿。图巴位于达喀尔以东194公里，从人口数量上讲是塞内加尔第二大城市，由穆里德教派创始人阿赫马杜·邦巴创建。马加尔节是为了纪念邦巴1895年流亡加蓬这段历史，在邦巴去世后的第二年即1928年开始举办。节日举办的日期每年不同，根据伊斯兰教历法确定。每年的马加尔节都会吸引大量穆里德教派朝圣者，2011年朝圣人数达到300万。图巴大清真寺始建于1926年，完工时间为1963年，清真寺内最高的尖塔高86米，为西非之最。

三　行政区划和主要城市

1. 行政区划的演变

1960年，塞内加尔独立伊始，将殖民时期的州合并为7个行政大区。1984年，塞内加尔对行政区划进行调整，将全国分为10个大区。2002年的行政区划调整使行政大区变为11个。2008年2月，塞内加尔国民议会审议通过关于修改地方行政组织法的法案，决定增设3个一级行政区，大区数量增加到14个，下设45个省，117个区，基层行政单位共有150个城镇和353个乡镇。2014年，塞内加尔又对基层行政区划进行改动，城镇增加到172个，乡镇达到385个。14个大区是：达喀尔、济金绍尔、久尔贝勒、圣路易、坦巴昆达、考拉克、捷斯、卢加、法蒂克、科尔达、马塔姆、卡夫林、凯杜古、塞久。

2. 主要城市

达喀尔　达喀尔是塞内加尔的首都，位于佛得角半岛，三面临海。达喀尔港是天然良港，是大西洋南北航线上的重要港口。达喀尔通往南部非洲、南美洲和欧洲的距离大致相当，因此成为国际交通枢纽，是北非地中海沿岸与几内亚湾沿岸各国海上交通的必经之地。

"达喀尔"名字的来历有多种不同猜测。法语名"达喀尔"首次出现在法国植物学家米歇尔·阿丹森绘制的佛得角半岛地图上。达喀尔可能是法国人根据当地人发音 Nadakarou 拼写出来的。法国人于1857年来到佛得角半岛时，达喀尔还只是一个小渔村，但由于地理位置极具战略意义，法属塞内加尔总督路易·费德尔布在这里建立军事前哨和海港。法国殖民者于19世纪60年代开始了第一期港口工程，1898年达喀尔成为法国军事基地，1902年法属西非联邦总督府从圣路易迁到达喀尔，达喀尔成为法国人统治西非的桥头堡。

随着达喀尔至巴马科铁路的建成，港口建设和港口业务不断扩大，达喀尔不仅成为大西洋的一个中途港，而且成为整个法属西非内陆进入大西洋的重要海港。法国在西非的大商号、银行和工业企业几乎全部集中在达喀尔。到20世纪30年代末，达喀尔取代圣路易，成为塞内加尔最大的城市和西非最大的欧洲人聚居区。第二次世界大战之后，法国加大投入，港口和机场进一步扩大，很多新的工程项目集中到达喀尔，达喀尔进入飞跃发展的时期。达喀尔人口增长尤为迅猛，1961年人口是37万人，2019年为273万人。据塞内加尔国家统计局估测，2022年达喀尔人口达到了404万。

塞内加尔独立后，达喀尔成为国家的政治、经济和文化中心，是热带非洲最大的工业和服务业中心之一，拥有食品、纺织、化学、机械、造船工业等。全国最大的公司、银行、商店和90%的工厂企业集中在这里，而且这里还是花生贸易中心。文化上，它拥有国家最大的也是西非著名大学——达喀尔大学（1987年改名为谢赫·安塔·迪奥普大学）。达喀尔还负有西非地区经济和文化中心的使命，是西非国家中央银行的总部所在地。达喀尔曾经是世界上最艰苦的拉力赛——巴黎—达喀尔拉力赛的终点，2009年后因安全问题，该赛事举办地点移至南美洲。

圣路易 圣路易位于塞内加尔北部塞内加尔河口的一座岛上，有300多年的历史，是西非沿海最古老的城市之一，距离毛里塔尼亚不到10公里。圣路易处在大西洋海岸贸易的航线上，曾是塞内加尔河中上游广大地区树胶、黄金等物产的集散地。圣路易岛长2500米、宽约350米，中部是法国殖民主义时期留下的总督府和费德尔布广场，南部有博物馆，北部有大清真寺。岛上的建筑排列整齐，色彩以乳黄、橘黄、酱紫与赭红等暖色为主，装饰考究，富有浓郁的殖民地风格，是法国在塞内加尔拥有的最早的殖民地。1659年，法国商人路易·哥利耶所经营的佛得角公司成为法国在大西洋拥有贸易据点的第一家特许公司，他将其作为礼物献给法国国王路易十四，圣路易的名称由此而来。

18世纪，圣路易成为港口和重要的贸易中心，也是奴隶贸易的重要集散地。到19世纪中叶，圣路易已发展成为一座现代城市，是撒哈拉沙漠以南非洲第一座欧洲风格的城市。1895年以前，圣路易是法属塞内加尔省府所在地，1895—1902年成为法属西非殖民地的首府。1902年，法国将其西非殖民地首府迁至达喀尔，此后至1958年，圣路易是法属塞内加尔和毛里塔尼亚的首府。法国殖民者的连续性统治使圣路易的规划保留了法国的建筑风格，符合联合国教科文组织关于世界文化遗产的第四条标准，即"代表某类建筑的典范，表明人类历史的重要阶段的建筑或技术的集成或景观"，2000年圣路易被列入世界文化遗产名录。现在的圣路易是一座商业和旅游城市。

捷斯 捷斯是塞内加尔第二大城市，扼守从佛得角半岛进入内陆平原的通道。它是塞内加尔西部平原主要的经济中心，有铁路、汽车厂、工厂、纺织厂、奶品厂、制鞋厂、农具厂、大型砖瓦厂、石棉水泥厂、采石场和磷酸盐加工厂等，是全国最大的铁路枢纽和重要的公路枢纽，因而成为重要的商业中心。

考拉克 考拉克是塞内加尔第三大城市和新兴工业中心，是穆斯林提加尼教派中心，其清真寺位于该市中心。考拉克坐落于萨卢姆河北岸，地处萨卢姆河通航河段的终点，是一个河港城市。在达喀尔港建成之前，它曾是塞内加尔最主要的花生出口港。因地处花生产区中心，考拉克拥有全国最大的花生去壳厂。它还有全国最大的盐场，其盐产量不仅可以满足国内的需要，还会出口到国外。考拉克还是全国重要的公路枢纽，国家公路干线可由此通往全国各地。另有一条铁路支线与达喀尔—尼日尔铁路相连，但后来停止运营。

卢加 卢加位于西北主要养牛区，是塞内加尔主要的牛市，也是花生、树胶、皮革的重要交易市场。卢加地理位置重要，无论是往返北非的商人，还是法国殖民者，卢加是他们进入塞内加尔必经之地。法国人曾于1883年在卢加设立军事基地，使得卢加迅速发展。

久尔贝勒 位于花生产区的中央地带，是商业和手工业中心。它也是塞内加尔的宗教圣地，有奥斯曼土耳其传统建筑风格的清真寺。

济金绍尔 济金绍尔位于卡萨芒斯河下游，是卡萨芒斯的首府。卡萨芒斯和塞内加尔北部被冈比亚分割开来，虽然近年来该地区分离主义运动较为平静，但问题尚未彻底解决。

四 政治体制

1. 独立前的政治体制

在15世纪葡萄牙人入侵之前，塞内加尔尚处于村社制度阶段，没有形成政治权力中心，以血缘为纽带的大家庭是社会基础。"拉曼"（Lamane）实行松散管理，Lamane为谢列尔语，意为"地主"。拉曼有对土地进行管辖和分配、颁发土地特许证的权力。随后，拉曼组成大议会，把他们统治的地区划分为省或王国。

塞内加尔沦为法国殖民地后，殖民者在军事、政治、经济、文化多个方面施加控制，逐步形成高度集权的殖民地政治制度。1817年，英法达成协议后，法国在圣路易和戈雷岛重建殖民地，随后通过与达喀尔地区酋长达成协议，形成以圣路易、达喀尔、戈雷岛、吕菲斯克四地为中心的塞内加尔殖民地。由于领地迅速扩大，法国开始用"保护国"的方式实施殖民

统治,让土著政府成为其代理人。1854 年,法国在戈雷岛单独设殖民地政府,兼管几内亚湾各沿海殖民地的事务。

从 1895 年起,法国在塞内加尔建立了一套以总督为核心的中央集权殖民制度。在殖民势力薄弱的内陆,利用效忠殖民政府的当地统治势力实行间接统治,在殖民势力强大的沿海城市则实行直接统治。无论直接统治还是间接统治,法国总督都掌握着大权。法国把西非各殖民地连同塞内加尔合并为"法属西非督辖区",其政府体制的最上层是法国殖民部,下设驻达喀尔的法属西非大总督,再往下是西非各殖民地的总督和省区级地方官员,最下层的郡和村级官员由法籍地方官员任命和管理。塞内加尔的总督同时兼任整个法属西非殖民地的总督。总督府 1902 年从圣路易南迁,达喀尔从此成为整个法属西非殖民地的首府,塞内加尔也因此成为法国在西非的殖民统治中心。

因第一次世界大战面临各种压力,法国开始调整其在西非和塞内加尔的统治体制,主要措施是争取与非洲土著传统势力合作,吸引各级酋长进入行政机构。第二次世界大战时,法国进一步调整其殖民地政治体制,增加非洲人参加各级政府机构和议政机构的名额。法国 1956 年颁布《海外领地根本法》,1958 年建立"法兰西共同体"(成员为法国和原法属殖民地国家),体现了法国按"非殖民化"方针调整其殖民政治体制的意图。1957 年 3 月,塞内加尔半自治共和国成立,政治体制发生较大变化。凡 21 岁以上的塞内加尔人无论男女都有普选权;塞内加尔与其他法国领地一样首次举行议会选举,成立具有立法职能的领地议会,一些新型的非洲民族主义者被选进议会,但议会只是总督的咨询机构,领地政府并不向它负责;取消法属西非的总领地政府,塞内加尔政府直接向法国政府负责,并独立行使领地职权;一些行政部长职位改由当地酋长担任,总督仍由巴黎任命,掌握最高权力和防务、外交经济及财政等要害部门。

1959 年,塞内加尔与法属苏丹(今马里)组成马里联邦。1960 年 6 月 20 日,马里联邦在巴黎签订了权力移交的协议,从此脱离法国获得独立。不过，联邦只存在了两个月便分崩离析。塞内加尔和马里各自建立独立共和国。

2. 独立后的政治体制

1960年8月25日，塞内加尔国民议会通过共和国第一部宪法，为塞内加尔设计了一个双元首体制：总统是国家首脑，兼管外交事务；总理是行政首脑，负责政府日常事务。总统和总理都被授予广泛的职权，分享行政管理权。宪法按立法、行政和司法划分了国家权力，设置相应的国家机构。政府从属于总统，各部部长由总统任命，不向议会负责。议会和总统都向选民负责。总统不能解散议会，议会也不能迫使总统辞职，但议会有权通过弹劾案迫使政府辞职。共和国总统由国民议会、市政委员会和地区议会的代表组成的选举团选出，任期5年，可连任。总统主持内阁会议、最高国防会议和最高立法会议，任命高级官员，并兼任全国武装部队总司令。总理由总统提名，由国民议会任命，并向国民议会负责。如果国民议会通过弹劾案，内阁必须集体辞职。

1960年的塞内加尔宪法虽未明文规定实行一党制，但事实上是一党制国家，处于统治地位的是塞内加尔进步联盟，曾反对加入"法兰西共同体"的非洲联合党虽然合法存在，参与政治，但不起作用。此外，该宪法设计的双元首体制引起总统与总理权力之争，导致1962年的政治危机。危机化解之后，总统桑戈尔推动进行第一次宪法修改行动，取消了总理职位，建立起强有力的总统制。

塞内加尔当时尽管有反对派，但桑戈尔领导的塞内加尔进步联盟通过大选拿下国民议会所有席位，在国家和地方选举中并没有出现正式的反对党。1963年3月，公民投票通过的新宪法进一步强化了总统的权力，削弱了议会的权力，规定总统是国家元首、政府首脑和武装部队最高统帅，由直接普选产生，有权解散议会，并取消了议会弹劾政府的权力。1967年第二次修改的宪法允许总统把任何立法问题提交全民公决，总统有权在国家

安全受到威胁的情况下采取直接措施，保证政府行政权力的执行。1970年2月第三次修宪，恢复了总理职位和议会弹劾政府的权力，规定总统继续拥有行政权，但不得第三次连选连任。

3. 从有限多党制向多党民主制的过渡

在塞内加尔进步联盟执政过程中，党内派别斗争逐渐加剧，威信下降。为了改变这一局面，桑戈尔决定允许其他政党合法存在，以便分化和争取强大起来的反对党。此外，塞内加尔进步联盟希望加入社会党国际，但根据社会党国际的要求，应允许反对党的合法存在。1974年，两个反对党得到了承认，分别是塞内加尔民主党和非洲独立党。

1976年第四次修宪时出现三党制，从法律上开始承认反对党的合法存在，但数量上仍受到限制。宪法规定允许存在代表三种思潮的三个政党，即代表民主社会主义的执政党社会党（1976年12月，塞内加尔进步联盟改为塞内加尔社会党）以及两个合法反对党，分别为代表自由社会主义思想的塞内加尔民主党和马列主义的非洲独立党。因此，1976年修订的宪法使塞内加尔政治体制成为多党制的总统制。该宪法还允许总理在总统去世或辞职后自动接任总统职务。1978年2月举行的总统和立法选举首次呈现多党竞争的局面，群众集会和政党之间的电视辩论成为竞选的主要方式，社会党仍保持显著优势，夺得议会100个席位中的83席。

1981年1月，阿卜拉·迪乌夫（Abdou Diouf）继任总统，推行"开放民主、开放政治"的政策。3月，议会通过了实行完全多党制的宪法条款，取消了成立政党的所有限制，反对党开始真正发挥作用。在桑戈尔时期已存在的一些反对党先后取得了合法地位，一些新党纷纷成立并获得承认，使塞内加尔成为全面多党制国家。1991年，塞内加尔首次出现多党联合政府，联合政府由社会党、民主党、独立劳动党组成，内阁成员中有5名反对党人士，包括民主党总书记、后来的总统阿卜杜拉耶·瓦德（Abdoulaye Wade）。1992年，联合政府修改了选举法，规定总统选举不仅要有各反对党参与，而且要有反对党监督；总统的选举实行两轮绝对多数投票制，即在第一轮选举中如果没有候选人获得半数以上的选票，得票数位居前两位的候选人进入第二轮选举；总统候选人必须拥有塞内加尔国籍，能够流利地使用官方语言法语听说读写。

1993年的总统选举有了真正意义上的竞争，有18个政党参与，有8名竞选总统的候选人，其中有社会党总书记、时任总统迪乌夫和塞内加尔民主党（当时最大的反对党）总书记瓦德。1998年，塞内加尔首次设置参议院，成为参众两院制国家。此后，参议院经历了2001年被撤销、2007年被恢复、2012年再次被撤销的变化。

2001年宪法被再次修订，规定总统不能履行职权时，议长代行总统权力，并在三个月内举行大选，还规定新总统必须公布个人财产。反对党的地位也首次在宪法中得到承认。2009年，塞内加尔国民议会和参议院通过宪法修正案，增设副总统职位，但2012年的修宪又废除副总统职位以及参议院。2021年，国民议会再次修订宪法，恢复2019年废除的总理职位。

五　共和国的四任总统

塞内加尔总统是国家元首，决定政府的组成，政府由总理、国务部长、部长和部长级代表组成。政府向议会汇报工作，各部部长有回答议员质询的义务，总理辞职或不再履行职务时，政府成员必须集体辞职。塞内加尔从1960年独立至今只产生过四位总统。按照国家元首的更迭，塞内加尔共和国可分为桑戈尔时期、迪乌夫时期、瓦德时期和萨勒时期。

塞内加尔共和国的前40年都是社会党执政。桑戈尔成为首任共和国总统。在1963年、1968年、1973年和1978年的总统选举中，桑戈尔和他领导的塞内加尔进步联盟（后来的社会党）连续当选。桑戈尔于1980年底引退，执政20年，是塞内加尔在位最长的总统。桑戈尔引退后，他的总理阿卜杜·迪乌夫自动接任总统。迪乌夫在1983年、1988年、1993年

三次总统选举中连任，执政时间仅次于桑戈尔。

迪乌夫执政伊始就寻求与反对派对话，争取反对派参与国家事务，以形成执政党与反对党共商国是的局面。1988年，迪乌夫请所有反对党参加全国圆桌会议，争取反对党对政府执行的重要计划给予支持。在1993年的总统选举中，迪乌夫第一轮投票就获得58%的选票，成功连任。主要竞争对手瓦德获得32%的选票。1963年至1993年，塞内加尔举行的7次总统选举都只有一轮投票。2000年的总统选举首次出现了两轮投票，当时已执政18年的迪乌夫寻求第四次连任，民主党领袖瓦德仍是他的主要竞选对手，但在第一轮投票中，他们两人得票最多，但都没有超过半数。

社会党执政40年，国家经济状况不断恶化，失业严重，社会党威望和影响力不断下降。失业者失去对社会党的信心，希望政治变革。针对选民的这种心态，民主党候选人瓦德提出"变革"的竞选口号。社会党和民主党支持者在选战中打、砸、烧对方的党部，在一些地方还发生了袭击平民、警察和外国人的事件。在第二轮投票中，瓦德战胜了迪乌夫。2012年，瓦德完成两个任期，谋求第三个任期未果，麦基·萨勒（Macky Sall）成为塞内加尔第四任总统。2019年，萨勒成功连任。

塞内加尔独立后，总统任期一直是5年，1993年修宪第一次将总统任期改为7年后，任期多次在5年和7年之间变换，2016年修宪时再次从7年变回到5年。2024年，塞内加尔将再次迎来总统选举。

六　立法与司法

1. 立法机构

塞内加尔的立法机构为国民议会。议会大厦位于达喀尔，每届议会任期5年，议员人数由独立初期的80人不断增加，2016年修宪后席位增加到165个。塞内加尔曾实行两院制，但参议院2012年被撤销。

塞内加尔的议会制度源于殖民地时期。法国殖民者于 1840 年建立法属西非议会。塞内加尔设有自己的议会，派代表参加法国议会选举，在法国议会任职。1914 年，来自塞内加尔的勃莱兹·迪亚涅（Blaise Diagne）成为法国议会中的第一位非洲人议员。议会成为后来的民族精英拉明·盖耶和桑戈尔参与政治的渠道。

塞内加尔独立后，立法议会更名为国民议会。1960 年第一部宪法规定，国民议会议员经选举产生，任期 5 年。第一届议会议长是拉明·盖耶。塞内加尔多次修订立法选举制度。第一部宪法规定议会有权通过弹劾令政府辞职，但是 1963 年修正的宪法取消了议会弹劾政府的权力。1967 年的宪法修正案规定，总统可以把任何立法问题提交全民公决。总统权力的集中挫伤了议会的积极性。1970 年的宪法修正案恢复了议会弹劾政府的权力。

1978 年以前，塞内加尔四届国民议会席位全部被塞内加尔进步联盟（后来的社会党）占据。1976 年宪法修正案给予塞内加尔民主党和非洲独立党合法的反对党地位，实行有限多党制。1978 年，民主党第一次有议员进入国民议会，占 18 个议席，社会党占 82 个议席。当时塞内加尔只有 3 个反对党得到官方承认，能够参加国民议会选举。

迪乌夫时期，在反对党的压力下，政府实行完全多党制，更多的反对党得以参加国民议会选举。政府也曾经多次修改选举法，但反对党认为选举规则有利于执政的社会党。选民投票率不高，并持续下降。反对党随着其力量的发展壮大，获得的议席和参与国民议会的人数都有所增加。执政党虽然控制着议会，但获得的议席数却在逐步下降。在 1983 年、1988 年、1993 年的国民议会选举中，社会党都赢得 70%—80% 的选票，占据国民议会的绝大多数席位。

1998 年，塞内加尔增设参议院，成为两院制国家。1999 年，产生塞内加尔历史上第一个参议院。执政的社会党在参议院第一次大选中大获全胜，夺得全部 48 个选举产生的议席。2001 年，即瓦德任总统的第二年，塞内加尔修改宪法，撤销参议院，塞内加尔恢复一院制立法机构，国民议

会设120个席位。国民议会拥有更大权力询问政府政策,可通过不信任案或要求内阁辞职。这次修宪还增加了总统解散议会的权力。为确保政治稳定,新修改的宪法规定任何议员加入另一政党都将失去在议会的席位。

2007年,国民议会席位增加到150个,被恢复的参议院有100名成员。2012年,塞内加尔议会通过的宪法修正案废除了参议院和副总统职位。2017年,国民议会席位增加到165个。

塞内加尔国民议会由普选直接产生,全国分为54个选区,即46个本土选区加8个海外侨民选区。本土每个选区根据人口数量可选举产生1—7个议员,侨民选区产生1—3个议员。国民议会席位从1983年之前的100个增加到现在的165个,其中53名议员在全国范围内以比例代表制选举产生,其余112名议员在各省以多数代表制选举产生。2017年增加的15个席位属于海外侨民。2010年通过的一项男女平等法律规定,国民议会中,男女议员人数应大致相等。

在2017年的立法选举中,希望联盟(BBY)取得压倒性胜利,获得165个中的125个。该联盟是2012年组建的支持萨勒的政党联盟,主要包括萨勒领导的争取共和联盟、社会党、进步力量联盟等。2022年7月31日,塞内加尔举行新的议会选举,支持总统萨勒的希望联盟获得的席位大幅减少,从125席减至82席,离绝对多数只差一席。在这种情况下,曾担任国民议会主席和参议院主席的反对党议员巴普·迪奥普选择加入总统阵营。他对做出这一决定的解释是,不想看到反对党控制的议会阻碍行政机构运行情况出现。

塞内加尔国民议会主要有立法权、预算权和监督权等权力。立法权,即议会有权制定和批准各种法律。但议会并非独享立法权,宪法明确规定总统和议员都有立法提案权。财政权,即审议总统提交年度预算草案,如果预算草案不能在其提交后60天通过,总统可以法令的形式宣布预算草案生效。议会的监督权主要体现在弹劾权上。根据1970年修订的宪法,弹劾提案的提出必须有十分之一以上的议员签名,在提案提交两天后,议会必须进行表决，投票公开进行，如果多数议员投赞成票，提案即被通过。但在实践中，议会基本上不能弹劾政府或令政府辞职，因为议会并不拥有解散政府所必需的政策或财政手段。

议员能够享受若干特权。宪法规定，议员不能因其行使职权时发表意见或表决而被拘留、通缉、逮捕、起诉。在会议期间，未经议会同意，议员不能因刑事犯罪被逮捕或起诉，除非犯了重罪。但在实践中，由于对什么是重罪没有明确定义，当局常常会逮捕议员中的反对党领导人，以阻碍反对党的活动，尤其当有威信的反对党人可以影响到现任总统时。曾经是最大反对党塞内加尔民主党的领导人瓦德在1993年和1994年先后两次被捕。

议员持有外交护照，薪金相当于达喀尔最高行政管理人员的薪金，另外每月还领取上万非洲法郎作为住房补贴、汽油津贴、邮政及交通服务费。议长、委员会主席、预算文件起草人可配备秘书、公车、公房，并发放与级别相当的特殊津贴。议长还配有私人保镖。

国民议会议长是塞内加尔仅次于总统的二号人物，在新一届议会成立之初由议员选举产生。任何议员都可以参加议长竞选，议长选举由投票时年龄最大的议员主持。

国民议会常会每年召开两次，第一次在4—6月召开，第二次在10月上旬召开，每次常会的会期不超过两个月。

2. 司法机构

殖民者到来之前，塞内加尔盛行土著习惯法和伊斯兰法规。法国建立殖民统治后，颁布一系列法律。如1887年颁布的法国总统令，允许在殖民地实行速决裁判制，即不经法院审批就可逮捕非洲人，并随意对非洲人处以监禁与罚金。只有在达喀尔等四个选区推行法国的一些城市法律。第一次世界大战后，殖民当局认为土著法在解决司法问题、维护社会秩序方面十分有用，便允许酋长们掌握的土著法院在殖民当局的控制下合法活动，他们可以根据伊斯兰法律和习惯法审理一般土著诉讼案。

塞内加尔

1960年塞内加尔共和国建立后，实行司法、立法、行政三权分立，司法权独立。在桑戈尔时期，司法权由最高法院及其分院、高等法院、法官最高委员会、上诉法院行使。在迪乌夫时期，司法权改由最高法院、最高检察院、上诉法院、预审法庭、重罪法院和治安裁判所等各级法院行使。1992年，塞内加尔进行司法体制改革，借鉴法国司法模式，设立宪委员会、行政法院和最高上诉法院。2008年，国民议会通过法案，将行政法院和最高上诉法院合并为最高法院。

塞内加尔独立时，最高法院不仅有最高法院的功能，还兼有立宪委员会、国务委员会、审计法院等机构的功能。直到1992年，塞内加尔才设立宪法委员会、国务委员会和最高法院。1999年设立审计法院。

宪法委员会是塞内加尔司法系统的最高机构，1992年设立，届时，最高法院被取消，由三个专门司法机构取代。宪法委员会的7名成员全部由总统任命，任期6年，每两年更新1—2名成员。举行总统选举时，宪法委员会审查总统选举候选人资格，确认选举结果有效，主持总统就职，就涉及总统选举或立法选举的上诉做终审裁决。还有权复审国际法和国际协定是否符合塞内加尔宪法，有权复审行政机关和立法机构之间的争议。

最高法院是非洲的最高司法机构，1992年被撤销，2008年恢复，由上诉法院和国务委员会合并而成。该院法官有权决定法律的合法性，监督下属法院和法庭，其判决为终审判决。塞内加尔曾设国务委员会。国务委员会一方面可就法律法令草案、立法建议的合法性向政府提供咨询，另一方面受理有关选举名单登记争端、地方政府行为的合法性、针对上诉法院和行政法院裁决的上诉。1992年，国务委员会并入最高法院。

审计法院的主要职能是监督公共预算，是控制国家财政的最高机构。

塞内加尔有6个地区上诉法院，分别设在达喀尔、捷斯、圣路易、考拉克、济金绍尔和坦巴昆达。

七 政党与社团组织

塞内加尔19世纪沦为法国殖民地后，深受宗主国政治思想的影响，1927年出现的第一个政党组织是塞内加尔社会党，由拉明·盖耶（Lamine Gueye）创建，1937年成为"工人国际"法国支部的一个分支。此后，由于在法国殖民地位的变化，并且受第二次世界大战后民族解放运动的影响，塞内加尔的政治活动日趋活跃。原来仅是宗主国政党的支部或地方性政治组织相继合并改组，1958年诞生了立足本国的政党组织——塞内加尔进步联盟。1960年塞内加尔独立前夕，政坛上出现多党并立的局面，影响较大的政党有7个，除塞内加尔进步联盟外，还有非洲联合党、塞内加尔人民运动党、非洲独立党、塞内加尔团结党、塞内加尔群众集团和塞内加尔民族阵线。

独立后，桑戈尔领导的塞内加尔进步联盟成为执政党。执政党用立法、谈判、禁止等手段对付其他政党，使其他政党基本无法存在，实行事实上的一党制。进步联盟在20世纪70年代中期改名为社会党。迫于内外压力，塞内加尔修改宪法，开始实行有限的多党制，一方面允许反对党合法存在，另一方面限制政党的数量。1976年，开始了"三党制"政治，每个政党各代表一种思潮：社会党代表民主社会主义思潮，塞内加尔民主党代表自由社会主义思潮，非洲独立党代表马列主义思潮。1978年改行"四党制"，增加了塞内加尔共和运动，代表保守主义思潮。

1981年，塞内加尔议会修改宪法，实行完全多党制，不再限制政党的数目和代表的思想意识，给所有政党合法的地位。所有政党都可以参加总统和立法选举，合法政党增加到12个。1991年，合法政党增加到17个。2000年大选前，合法政党增至33个。塞内加尔民主党领袖瓦德赢得大选，最大的反对党塞内加尔民主党成为执政党。新宪法规定，保证政党反对政府政策的权力，承认议会中反对党的存在。在比较宽松的政治环境中，塞内加尔众多政党越来越积极地参与国家政治，政党数量从桑戈尔时期的3个、迪乌夫时期的44个增加到瓦德时期的143个。到2021年，塞内加尔政党数量已经超过320个。当地媒体评论说，在300多个政党中，符合法律标准的不到30个。

争取共和联盟（Alliance Pour la Republique，APR） 现在的执政党，2008年由麦基·萨勒创立，主要成员为原民主党内萨勒的支持者。纲领是坚定维护共和价值观，将民主进行到底，把塞内加尔人民的关切作为行动的中心，箴言是"劳动、团结、尊严"。萨勒于2012年3月当选总统，并于2019年成功连任。

塞内加尔社会党（Le Parti Socialiste du Senegal，PS） 参政党，塞内加尔的前两任总统都出自社会党，一个是社会党创始人桑戈尔，另一个是迪乌夫。社会党自1960年至2000年执政40年，是塞内加尔历史最悠久的政党。前身为1948年10月在桑戈尔的领导下创建的塞内加尔民主集团，当时是非洲联合党的一个地方支部。1957年扩建改名为塞内加尔人民集团。1958年与拉明·盖耶领导的塞内加尔行动社会党合并为塞内加尔进步联盟，1996年改名为塞内加尔社会党。其纲领是实现民主社会主义，即在保留非特性的同时，建立一个开放、民主和人道主义的社会。

进步力量联盟（Alliance des Forces de Progress，AFP） 参政党，1999年由部分原社会党成员创建，主张建立民主政治。依靠政治维护社会稳定。总书记是穆斯塔法·尼亚萨，他曾于2000年3月至2001年3月出任政府总理。该党在2012年第二轮总统选举中与萨勒结盟，是后者获胜的重要因素之一。

塞内加尔民主党（Le Parti Democratique Senegalais，PDS） 反对党，1974年由阿卜杜拉耶·瓦德创立，2000—2012年为执政党，有50万党员，领导人和骨干成员多来自进步联盟（后来的社会党）。民主党以"正义、尊严和博爱"为箴言，宗旨是建立一个民主、社会主义和全面发展的社会。基本纲领是劳动社会主义，主张建立自由社会主义，提倡经济自由，加快私有化进程，削减政府赤字，促进商业发展和消除贫困。2000年3月瓦德在总统大选中获胜，并于2007年2月连选连任。2012年总统选举中，瓦德败选，民主党成为主要反对党。

民主复兴联盟（Rassemblement du Renouveau des Dmocrates，RRD） 反对党。前身是由社会党内受排挤的人士组建的"民主革新潮流"，主张党内民主和革新，1998年4月正式脱离社会党另立门户，5月参加立法议会选举，取得11个议席，跻身政坛三强。在迪乌夫政府时期、瓦德政府时期，其领导人吉博·卡都是内阁成员。萨勒执政后，该党成为反对党。

一起行动/非洲争取民主与社会主义党（And-Jef/Parti Africain pour la démocratie et le Socialisme） 塞内加尔社会主义政党。由新民主革命运动等4个左派政党，即争取新民主革命运动（马列主义政党）、社会主义工人组织（托派组织）、争取人民民主联盟（毛派组织）和《工人通讯》（Suxuba，左翼杂志）读者圈于1991年12月合并组成，主张民主、社会公正、进步和非洲团结。党代会为党的最高权力机构。

民主联盟（La Ligue dmocratique/Mouvement pour le Parti du Travail） 1979年成立，自称"共产主义组织""信仰马克思主义"。1993年、1995年参加联合政府，1998年退出政府，2000年、2001年均参加联合政府。该党后来放弃马列主义意识形态，其下属青年组织是民主青年运动。

此外，还有国家党、复兴公民党、塞内加尔共和运动、非洲群众独立党、塞内加尔民主联盟（革新派）、塞内加尔共和党、塞内加尔非洲生态学者党、争取民主和联邦制联盟等政党。

塞内加尔宪法规定，工人有权加入或组织工会和行业组织。独立之初，塞内加尔没有统一的工会。1957年1月成立的激进撒哈拉以南非洲工人总联合会，1959年被政府解散。1961年1月，执政党领导成立了塞内加尔工人全国联合会，所有塞内加尔行业工会都并入塞内加尔工人全国联合会，联合会需要在保护其成员利益和支持政府经济计划之间保持平衡。1968年5月，联合会因号召总罢工，抗议政府自1961年以来冻结工资的政策，被桑戈尔政府解散。1969年，桑戈尔政府建立社会党领导下的全国性工会组织——塞内加尔全国工人总联合会。1976年以后，桑戈尔政府允许创建不隶属于塞内加尔全国工人总联合会的行业工会，因此出现了由民主党创建的塞内加尔自由工人联盟（L'Union des Travalleurs Libres du senegal）。工会对社会党在治国理政方面的不满是造成2000年社会党在大选中失利的原因之一。但是瓦德执政之后，工会同样给瓦德政府带来很大的压力，罢工活动频仍。

八　武装力量

总统为塞内加尔武装力量统帅，通过武装力量部领导和指挥全国武装力量。最高国防决策机构为国防委员会，由主要内阁部长和高级军事首领组成。武装力量部是最高军事行政机关，武装力量总参谋部为最高军事指挥机构。总参谋长是最高军事官员，他在国防部长的直接命令下负责指挥军事行动。

塞内加尔武装力量由正规军、预备役和准军事部队组成。正规军分为陆、海、空三个军种，下辖七大军区。塞内加尔实行义务兵役制，入伍的条件是19—23岁的未婚青年，有高中文凭者年龄可宽限至24岁。自2008年开始，女性也可以服兵役。

塞内加尔近代军队的出现早于西非其他地区，可以追溯到19世纪上半期，这与法国的殖民政策有关。1815年维也纳会议通过取缔黑奴贩卖的国际宣言，法、英等国在非洲的殖民活动转向对领土的占领。1817年，法国在圣路易和戈雷岛重建殖民地，以此为基地派军队向内陆扩张。但是法国士兵水土不服，疟疾等热带疾病导致的死亡率很高。1819年，法国海军部下令招募"有色人种小分队"充当军事劳工，以弥补军力的不足。

1857年7月21日，法国殖民者组建塞内加尔步兵团，并将其纳入法军的一部分，由此开启了法属非洲的土著兵役制度。步兵团与过去的军事劳工不同，他们是穿军服的战斗人员，服役期与欧洲士兵相同，但是军饷大大低于欧洲士兵。军饷由殖民地总督府发放，非洲人只能当士兵，不能晋升军官，军官必须是法国人。兵源可以来自塞内加尔以外的殖民地，服役地点也常在塞内加尔以外的地区，但不论在何处都称塞内加尔军团。该军团成为法国殖民统治的工具。

1905年，法兰西殖民帝国在非洲确立后，塞内加尔军团成为殖民者的治安警察部队。由于需求量日益增大，塞内加尔军团从雇佣兵制转变为普及义务制，特别是在第一次世界大战期间，凡18—35岁的塞内加尔男子都要服兵役2—4年。通常是由当地酋长负责征募，酋长可得到报酬，应征者可免赋税，其家庭可以得到津贴。鉴于这些政策，1915年征兵3万人，1916年征兵5.1万人。塞内加尔军团前往欧洲作战。塞内加尔军团也参加了第二次世界大战，1944年8月23日，由塞内加尔人组成的第六军团率先攻入法国土伦并解放了这座城市。第二次世界大战后，法国将塞内加尔纳入北大西洋公约集团的防御体系。

塞内加尔独立后，武装部队进行了改编和组建。1959年4月4日，塞内加尔与法属苏丹（马里）组成马里联邦，塞内加尔获得独立地位。1960年8月20日，塞内加尔退出马里联邦，成为独立共和国。塞内加尔与法国签订了军事和防务合作协定。根据这些协定，独立后的塞内加尔可以组建一支国防军，由法国协助组建。军官最初都是法国人，军事装备和军用物资及技术人员皆由法国提供，军队的建制也效仿法军。协定还规定，为了确保塞内加尔局势的稳定，达喀尔等地的军事基地继续由法国全权使用。

1960年8月25日，塞内加尔国民议会通过宪法，规定总统兼任新建的全国武装部队总司令，设总统私人参谋长职位，下设武装力量部（国防部）和总参谋部，统领海、陆、空三军与各军区。1963年5月，负责维护公共秩序和国内安全的宪兵队及共和国总统卫队成为军事机构的一部分，后又建立了警察部队和机动干预部队。

塞内加尔军队人数自独立以后不断增加。据统计，桑戈尔执政时期的1963年，共有约2700名现役军人，其中陆军2600人，海军、空军人数极少，还未成为有效的力量。国家宪兵队和共和国卫队有近2500人。20世纪70年代末，桑戈尔执政末期，塞内加尔军队总人数增至5900人。桑戈尔总统虽为文人，但十分注重与军队的关系。他担任武装力量的最高统帅，牢牢控制军队，使军队在稳定政局、巩固政权方面发挥了不可替代的柱石作用。另外，他同意法国在塞内加尔驻军1300人，与法国驻军保持良好关系，这也有效地抑制了国内的不稳定因素。

迪乌夫于1981年执政后继续执行桑戈尔的政策，十分注重扩建军队。他离职时，塞内加尔军队的总兵力达到17350人，是塞内加尔军力最强盛的时期。迪乌夫比桑戈尔更重视军队的建设和改造。一方面，他指示政府向军队提供普遍的优厚待遇，并向高级军官提供更为优厚的物质生活条件，使广大官兵在维护政权稳定方面能与政府同心同德；另一方面，根据稳定政局的需要和军内实际情况，迪乌夫改组了军队领导机构，更换了三军参谋长和总统私人参谋长，调整了过去三军总参谋长过于集中的职权，加强了总统府的军事指挥。这样，军队进一步被置于总统和严密控制之下。

迪乌夫同样与法国保持着密切的军事联系，严守两国签订的防务协定。法国在达喀尔驻军1200人，塞内加尔军队中仍有数百名法国顾问，军事装备和军用物资仍由法国提供。如果塞内加尔军队内部有异常之举，法国顾问和驻军也会应塞内加尔政府的要求，防止军事政变发生。

瓦德执政期间，塞内加尔的军队建设继续采纳迪乌夫的方针。2004年的军队总兵力为18620人，维持着与法国的防务协定。塞内加尔的军官大都由法国军事学院培养，由法国顾问培训。2011年之前，法国占有着达喀尔的军事基地，有1200名法国军人。2010年，瓦德宣布塞内加尔从法国手中收回军事基地。2011年7月，900名法国军事人员离开塞内加尔，剩余人员服务于法国同西非国家的军事合作平台。

塞内加尔目前大约有总兵力15000人，以及7000名宪兵。塞内加尔陆军在军队中人数最多，驻扎在4个军事基地，包括装甲兵营、步兵营、突击空降兵营、炮兵营、工兵连、总统卫队、工程连等。海军人数较少，其首要职责是根据航海法监视领海，确保国家海洋权益，基地在达喀尔和卡萨芒斯，有5支海上巡逻队和5支沿岸巡逻队。空军只有一支中队，主要负责侦察、人员运输和空降训练。

塞内加尔的武器装备主要依赖法国援助及对外采购。海军现有24艘舰艇，空军有海上巡逻机、运输机、直升机、教练机等近20架飞机。塞内加尔国防预算占国内生产总值的比重逐年上升。2001年，塞内加尔国防预算为6860万美元，2005年达到1.17亿美元，世界排名第113位（斯德哥尔摩国际和平研究所）。2021年，塞内加尔军费增加到8.05亿美元。

邻国冈比亚于1980年11月和1981年8月两次发生政变，塞内加尔根据两国防务协议出兵干预，帮助平息叛乱。1991年，500名塞内加尔士兵参加了海湾战争。1998年6月，几内亚比绍发生兵变，塞内加尔应邀出兵支援几内亚比绍政府军。塞内加尔派出3000多名士兵警察参加联合国维和行动，从人数上排名第八，先后在卢旺达、利比里亚、中非共和国、刚果民主共和国、塞拉利昂、乍得、西奈半岛、黎巴嫩和马里驻扎。

塞内加尔与美国的军事合作关系日益密切。1997年，美国向塞内加尔派遣60名军事教官，培训非洲危机反应部队。2005年，塞与非洲其他十国（阿尔及利亚、摩洛哥、突尼斯、利比亚、毛里塔尼亚、马里、乍得、尼日尔、尼日利亚、布基纳法索）加入美国发起的"跨撒哈拉反恐伙伴关系"（TSCTP）。2016年，塞内加尔与美国达成协议，1000名美军进驻塞内加尔，指导塞内加尔军队的反恐训练。

第三节　社会生活

一　人口

塞内加尔人口增长迅速，1960年独立时人口接近320万。根据塞内加尔国家统计局2021年的统计报告，2020年人口已达到1670万。人口密度为每平方公里90人，根据2020年的数据，人均寿命为68岁。根据世界卫生组织2019年的统计数据，男性平均寿命66岁，女性70岁，近四分之一的居民在首都达喀尔生活。塞国家统计局估计，2021年塞内加尔人口达到了1721万。

社会环境、国民医疗和饮食水平逐步改善提高，塞内加尔人口死亡率降低，特别是婴儿死亡率降低，这些因素都加快了人口的增长速度。根据世界卫生组织的数据，新生儿死亡率为20.56‰，5岁以下儿童死亡率为38‰。2000年以来，人口出生率下降幅度不大，而人口基数越来越大。根据国家统计局公布的数据，2020年塞内加尔的人口死亡率降至6.8‰，但生育率仍为36.5‰，平均每个妇女生育4.93个孩子（ANSD）。塞内加尔1997—2015年的人口年均增长率既高于撒哈拉沙漠以南非洲人口平均增长率，也远远高于世界平均水平，目前年增长率约为3%。按照塞内加尔人口的发展趋势，它的人口规模总量在不断增加。

像其他非洲国家一样，塞内加尔的人口结构特点是年轻化。根据塞内加尔国家统计局的测算，2022年，塞内加尔15岁以下人口占总人口的41.8%，15—64岁人口占总人口的54.6%，65岁以上人口仅占3.6%。

塞内加尔城市人口比重持续增长，1960 年独立时城市人口占总人口的 25%。联合国开发计划署发布的 2020 年《人类发展报告》显示，塞内加尔城市人口已经达到 47.7%，接近总人口的一半。此外，塞内加尔人口的平均年龄只有 19 岁，半数国民不到 18 岁（ANSD）。

全国四分之一的人口集中在首都达喀尔，充分反映了塞内加尔人口空间分布极不平衡的特点。为了缓解达喀尔的人口压力，2002 年，瓦德政府提出一项迁都计划，并为此专门设立了新首都国务部长。2007 年，这位国务部长声称三年后启用新首都。当地媒体报道，塞内加尔委托一位法国建筑师制定新首都总体发展概念、总体规划和详细城市规划提案，并于 2005 向他支付了 12.4 亿多西非法郎设计费，但两年后双方解除了合同。塞内加尔与一家迪拜公司达成协议，准备耗资 15 万亿西非法郎打造新首都。但迪拜公司后来放弃了这桩生意。那之后，瓦德总统再没有提及这个计划。

二 民族

塞内加尔是一个多民族国家，有近 30 个民族，人数比较多的民族是沃洛夫族（占全国人口的 43%）、富尔贝族（24%）、谢列尔族（14.7%）、图库洛尔族（10%）等。

沃洛夫族 塞内加尔最大的族群是沃洛夫人，占总人口的 43%。沃洛夫人在 13 世纪建立朱洛夫王国，15 世前后发展成为强大的朱洛夫帝国（Djolof，1200—1549）。沃洛夫人的帝国和王国控制了欧洲人在大西洋的贸易，法属殖民军中的塞内加尔步兵团主要是沃洛夫人。在今天的塞内加尔，经商与从政的重要人物中有不少是沃洛夫人，近 85% 的塞内加尔人懂沃洛夫语。几乎所有的沃洛夫人都是穆斯林。据沃洛夫人的口述历史，这个民族的祖先原生活在尼罗河谷。

富尔贝族 富尔贝人又称菲拉尼人、富尔人、富拉人或普拉尔人。富尔贝人占塞内加尔总人口的 24%。古代的富尔贝人是游牧民族，在西非大草原上沿尼日尔河和塞内加尔河活动，放牧牛羊，被称为"非洲的犹太人"。现在，大部分富尔贝人过上了定居生活，但仍有约30%的人继续过着季节性的游牧生活。富尔贝人身材修长，肤色发红，不像其他非洲人那么黑。男子身材较高，鹰鼻，头发短细光滑，稍带卷曲。女子标致，有引以为豪的稀疏长发，富尔贝妇女有用深蓝色染嘴唇的传统。17—18世纪，富尔贝人曾建立富塔贾隆和富塔托罗王国，一度控制整个塞内加尔和冈比亚。现在塞内加尔的富尔贝人集中在塞内加尔河中游，从事畜牧业。富尔贝人多信奉伊斯兰教，实行一夫多妻制。

谢列尔族 谢列尔族人占塞内加尔总人口的14.7%，主要分布在塞内加尔西部和南部地区，为典型的农业民族，主要种植小米、玉米、高粱和花生等作物，饲养牛羊。谢列尔人在12—13世纪时建立了辛—萨卢姆王国，创立了西非典型的农业文明，后被朱洛夫帝国吞并。谢列尔人拒绝皈依伊斯兰教。欧洲殖民者到来之后，辛—萨卢姆王国通过葡萄牙商人和葡裔社区皈依基督教。

图库洛尔族 图库洛尔人占塞内加尔总人口的10%，又称托罗德贝人，指专门传播伊斯兰教义的神职人。图库洛尔人早在10世纪就建立了塔克鲁尔王国，是西非最早接受伊斯兰教的民族之一，11世纪皈依了伊斯兰教。他们懂阿拉伯语，对传播伊斯兰教发挥了重要作用。他们主要分布在法莱梅河和塞内加尔河左岸，从事农业和畜牧业。但由于河流干涸，土地变成沙漠，图库洛尔人迁移到国内各城市居住，甚至移居到西非其他国家和欧洲。

迪奥拉族 迪奥拉人占塞内加尔总人口的3.5%。他们的语言、历史、生活方式和宗教均与其他民族不同，主要分布在西南部的下卡萨芒斯和福格尼地区，肤色较黑。在伊斯兰教传入之前，迪奥拉人多信奉拜物教，是塞内冈比亚地区最晚接受伊斯兰教的民族。19世纪，他们反对法国入侵，直至所在地区最后被法国占领。到了现代，许多人作为商人和工匠住在城市里。

曼丁哥族 曼丁哥人居住在东部富塔贾隆高原，又称马林凯人，讲马林凯语（Mandinka）。马林凯语是尼日尔—刚果语系大西洋语族的曼德语支族，该语言通用于西非9国，有1100万人使用。因此，曼丁哥人是一个跨界民族。塞内加尔境内的曼丁哥人约有70万，占全国总人口的8.5%。主要分布在卡萨芒斯河中游和东塞内加尔热带草原地区，与马里、几内亚交界地区的边境民族往来密切。历史上曾建立马里帝国，在西非有较大的影响力。他们多信奉伊斯兰教，少数人信奉拜物教。曼丁哥人主要从事农业，兼从事畜牧业和渔业。

索宁克族 索宁克人在塞内加尔总人口的比例不到2%，主要分布在塞内加尔河靠近巴克尔（Bakel）的东北边界一带。索宁克是他们皈依了伊斯兰教之后的名称。索宁克人可能是萨赫勒地区最早的铁器制造者和使用者。他们大多信奉伊斯兰教，主要从事农业生产活动。

摩尔族 占总人口的1%，主要分布在北部边界塞内加尔河右岸，属欧罗巴人种地中海类型，肤色呈黄褐色。摩尔人在中世纪建立了阿尔摩拉维德王朝，信奉伊斯兰教，讲阿拉伯语，主要从事畜牧业，饲养牛、羊和骆驼，过着半游牧的生活。摩尔人与图阿雷格人（Tuareg）混居，说阿拉伯语，二者十分相似。

在塞内加尔居民中还有不到2%的外国人，主要是法国人、黎巴嫩人和叙利亚人。早在19世纪末，黎巴嫩人就来到塞内加尔，投资花生产业，为塞内加尔的经济发展起过作用。尽管大部分黎巴嫩人拥有塞内加尔公民权，但是仍被很多塞内加尔人看作外国人。

三 语言

塞内加尔宪法规定，法语是塞内加尔的官方语言，沃洛夫语（Wolof）、迪奥拉语（Diola）、谢列尔语（Sérère）、曼丁卡语、马林凯语、普拉尔语（Pular）、索宁克语（Soninké）和其他将被编纂的本土语言是国家语言。

虽然法语是塞内加尔的官方语言，但只有约三分之一的塞内加尔人讲法语。法语的使用人数远远少于沃洛夫语，80%的塞内加尔人讲沃洛夫语（中国外交部网站）。不仅沃洛夫人说沃洛夫语，其他族群的人也使用。约50%的塞内加尔人把沃洛夫语作为第一语言，20%—30%的人把它作为第二语言。沃洛夫语是被塞内加尔编纂的本土语言之一，被用于广播、新闻出版和教育领域。

塞内加尔曾将阿拉伯语作为官方语言。欧洲殖民者入侵之后，塞内加尔人开始使用欧洲的语言文字。法国殖民者对塞内加尔实行同化政策，鼓励传教士教当地人讲法语，法语成为殖民地官方语言。鉴于94%的塞内加尔人信奉伊斯兰教，当地的伊斯兰教人士也懂阿拉伯语。

塞内加尔有近40种本土语言，其中21种被编纂。塞内加尔几乎所有本土语言都属于尼日尔—刚果语系，其中大部分（沃洛夫语、普拉尔语、谢列尔语、迪奥拉语等）属于大西洋语的分支，索宁克语、曼丁卡语和班巴拉语等属于曼德语分支。

四 宗教

在塞内加尔文化和日常生活中，宗教占有非常重要的位置。塞内加尔是信仰、传统与现代文明交融的国度，塞内加尔人对宗教有着十分宽容的态度。塞内加尔没有国教，宪法明确规定，塞内加尔实行宗教与国家分立的政策，将国家定义为世俗制。国家在公众秩序得以维持的前提下，容许宗教信仰自由，保证人民在法律面前，不分门第、种族或宗教，一律平等，尊重一切信仰。

与其他大多数非洲国家一样，基于万物有灵论，塞内加尔各民族最初信仰各种拜物教，即神灵崇拜或图腾崇拜。11世纪，北非的柏柏尔人武僧建立穆拉比特王朝。在王朝的鼎盛时期，其势力范围覆盖现今的摩洛哥、毛里塔尼亚、阿尔及利亚，南面囊括大部分的塞内加尔及马里，北面则包括大部分的西班牙。伊斯兰教自此传入塞内加尔，并不断传播，逐步取代传统宗教。基督教是随欧洲殖民者入侵进入塞内加尔的。宗教多元化成为塞内加尔社会的一个基本特征，主要有伊斯兰教、基督教和拜物教三种，但伊斯兰教占据绝对优势。

塞内加尔是伊斯兰合作组织成员国，全国居民中有94%的人信奉伊斯兰教，多属逊尼派，其余的人信奉基督教（4%）和拜物教（2%）。基督教信仰者限于城市上层社会的少数人，主要集中在西部和南部地区。从民族分布看，信奉伊斯兰教的主要是一些人口众多的民族，信奉拜物教的主要是一些少数民族，信仰基督教的谢列尔人占多数。

1. 伊斯兰教

伊斯兰教在塞内加尔已有上千年的历史。10世纪初，伊斯兰教通过穆斯林商人和传教士从北非沿着非洲西海岸向南传播。1076年，摩洛哥的穆拉比特人在塞内加尔河与冈比亚河之间的地区建立了统治并传播伊斯兰教。当时塞内加尔北部的泰克鲁尔王国国王接受了伊斯兰教，从此，伊斯兰教在塞内加尔慢慢传播开来。14世纪，塞内加尔隶属于信仰伊斯兰教的马里帝国，使伊斯兰教在塞内加尔得到进一步传播。15世纪中叶，沃洛夫人建立了卓洛夫伊斯兰王国。16世纪，塞内加尔隶属桑海帝国，穆斯林地区出现清真寺和宗教学校。17世纪后期，葡、荷、英、法殖民者相继入侵。19世纪末，伊斯兰教领袖在西非发动"圣战"，反对塞内加尔传统的封建君主制王国的奴隶贸易和法国对塞内加尔的殖民征服，从而在人民中树立了威信，扩大了影响，推动了伊斯兰教在西非地区的传播和发展。20世纪，伊斯兰教发展成为塞内加尔的全国性宗教。塞内加尔的穆斯林归属不同的教派，主要的教派有卡迪里、提加尼、尼亚萨纳、拉耶纳、穆里德，穆里德教派影响最大。每个教派均有自己的传统和历史，由各自的创建者或者宗教领袖领导。政府和反对党在重大问题上，尤其是农村问题上，都要与宗教领袖讨论，寻求支持。

卡迪里教派（Qadiriyya） 塞内加尔最早出现的教派，后来诞生的各个教派差不多都是从这里派生出来的。卡迪里教派于12世纪创建于美索不达米亚的巴格达，大约于18世纪传入塞内加尔。该教派在塞内加尔有50万信徒，主要集中在圣路易和佛得角半岛，有很多信徒是在此地定居的毛里塔尼亚人。这个教派的特点是重视包括法学在内的伊斯兰教知识。

提加尼教派（Tidjane） 在塞内加尔出现的第二个教派。创始人是摩洛哥人阿赫默德·提加尼。大约在1830年，摩尔人开始向撒哈拉沙漠以南的非洲地区传播这个教派的教义。该教派有信徒500多万人，是塞内加尔人数最多的教派，前总统迪乌夫即属于此教派。位于捷斯大区的蒂瓦万（Tivaouane）清真寺是提加尼教派信众朝觐的圣地，也是塞内加尔第二大清真寺。考拉克也是提加尼教派宗教中心。

拉耶纳教派（Layene） 在塞内加尔出现的第三个教派，1885年创建于达喀尔郊区的约夫（Yoff），信徒多为居住在佛得角半岛的莱布人。该教派对伊斯兰教义和法律做了重要修改，认为没有必要去麦加朝觐，也无须限制一个穆斯林娶几个妻子。拉耶纳教派更像是互助组织，宗教色彩很少，信徒们一般不祈祷，也不举行宗教仪式。由于该教派缺乏精神支柱，所以没有多大发展，仅有约3万信徒。

穆里德教派（Mouridisme） 在塞内加尔出现的第四个教派，也是塞内加尔最有影响力的教派。创始人是阿马杜·邦巴（Amadou Bamba，1850—1927）。面对殖民者的烧、杀、劫、掠等行径，他带领信徒进行非暴力的反抗，对殖民当局采取不合作的强硬态度。殖民当局将其先后流放到加蓬和毛里塔尼亚，始终未被允许回到他创建的图巴清真寺。图巴在塞内加尔西部，是穆里德教派信徒的圣地，图巴清真寺是塞内加尔最大的清真寺，规模宏伟，1886年由教派创建人阿马杜·邦巴建立。许多穆里德信徒认为图巴比麦加重要。为纪念邦巴1895年被流放加蓬，大量穆里德信徒前往图巴参加马加尔节。2011年，涌入图巴的信徒超过300万。该教派人数没有提加尼教派多，但在组织上等级森严，在整个非洲也是对商业管辖组织最好的教派之一，控制着大量的工厂企业，经济实力雄厚。

2. 基督教

塞内加尔的基督教派包括天主教和新教。在各民族中只有谢列尔人和迪奥拉人受天主教影响较大。塞内加尔的天主教徒约有50万人，集中在达喀尔、圣路易、提斯和济金绍尔。天主教是伴随早期葡萄牙商人的到来而传入塞内加尔的。1636年，法国第二诺曼底公司前往塞内加尔时，卡普勤教会的传教士一同前往向当地黑人传教。1822年，教会在圣路易建立第一座教堂，建立土著神学院、教会中学和小学。到19世纪80年代，随着法国殖民征服的开始，殖民当局允许传教士对殖民地黑人传教，但禁止传教士在穆斯林居住区进行宣教活动。为了让更多的黑人皈依天主教，教会除了创办小学、中学外，还建立了农业学校和机械学校。法国主教和神父还学习沃洛夫语、谢列尔语等，以方便传教。他们用沃洛夫语编写了《教义问答》，还编写了沃洛夫语语法和字典、沃洛夫语的简明《圣经》。

3. 传统宗教

塞内加尔的传统宗教信仰被认为是万物有灵论。实际上，基督教和伊斯兰教传入之前存在的宗教信仰今天对塞内加尔人仍有着深刻影响。2015年，塞内加尔两大摔跤巨星举行比赛。赛后，一方指责另一方在比赛前一天亵渎了对手母亲的坟墓，以增加自己的胜算。当地媒体在评价这一事件时指出，尽管塞内加尔的穆斯林每天做五次祈祷，天主教徒周日参加弥撒，但他们中许多人会佩戴护身符来保护自己。万物有灵论者常会佩戴护身符，认为护身符可以使自己免受伤害，避开意外，对付巫师的诅咒。沃洛夫人会组织游行，请巫师作法，向海中投掷小米、玉米、奶酪，求神灵降雨。

4. 宗教与政府

塞内加尔的政界人士与宗教界人士均保持着良好的关系。宗教团体可直接从政府获得资金和物质的援助。政府补助宗教组织并没有正式的制度，宗教组织通过政府的补助维持其膜拜场所正常运行或承担特别的活动。此外，政府也通过教育部为宗教机构开办符合国家教育标准的学校提供拨款。在办学方面，拥有成功经验的天主教学校获得拨款最多。为了推动伊斯兰教现代化，政府支持在达喀尔大学设立伊斯兰教研究中心。

政府不干预宗教事务，内政部负责宗教团体的注册事宜。任何宗教组织想获得合法地位，都必须依据民法和商法进行注册。获得合法地位的宗教组织可从事商业活动，包括拥有财产、建立银行账户并从私人手里接受财政支持。政府对获得合法地位的宗教团体免除很多税收。2002年10月，政府要求小学尤其是乡村小学在课程中必须根据学生的需求开设两个小时的宗教课程（伊斯兰教或天主教）。政府提出私立学校和没有接受政府资助的学校可以开设宗教课程。神职人员必须获得内政部颁发的居留许可证。

政府鼓励和资助穆斯林参加每年到麦加的朝觐活动，同时也资助天主教徒到梵蒂冈参加活动。政府通常通过与重要的宗教组织的联系来推动宗教和解。政府的高级官员定期与宗教领袖讨论重要事务，派代表出席所有重要的宗教节日和重大活动。与此同时，政府监控宗教组织，以确保他们的活动与国家目标一致。故在塞内加尔社会中，有影响的教派都与政治领导人保持对话。

除了政府与宗教团体的积极互动之外，塞内加尔不同宗教派别之间的积极互动也是保障和谐相处的重要因素。宗教在多数塞内加尔人民中起着重要作用。全社会对不同宗教信仰普遍持开放和宽容的态度，信仰不同宗教的人民有和谐共存的传统。不同信仰之间通婚比较普遍。伊斯兰教和天主教等比较大的宗教组织领袖保持公开对话，领导天主教团体的大主教和较大伊斯兰派别的哈里发几十年来主动进行不同信仰之间的宗教对话，彼此尊重。

五 社会制度

塞内加尔独立后,长期执政的社会党主张在保留非洲特性的同时,寻求建立一个开放、民主和人道主义的社会。该党的创始人拉明·盖耶早在1934年就提出要在非洲实现社会主义的主张,桑戈尔在法国国民议会中首次称自己是非洲社会主义议员。桑戈尔发表了《走向非洲社会主义》(1948年)、《民族和社会主义》(1959)、《非洲的社会主义道路》(1960年)等论著。桑戈尔任总统期间,还组织了四次泛非性的"非洲社会主义道路"研讨会,在团结非洲各社会党的同时,扩大了"民主社会主义"思想的影响。

除了理论上的阐述之外,桑戈尔政府还将民主社会主义付诸政治、经济和社会实践。政治上,桑戈尔认为多党制最符合塞内加尔的传统,但为了稳定政局实行了一党制,后来又改一党制为多党制。所以,当法语非洲国家在20世纪80年代末90年代初普遍兴起民主化运动造成社会动荡时,塞内加尔已经实现政治民主化。经济上,桑戈尔强调社会主义的目标是发展民族经济,提高人民生活水平,而要达成这一目标,欧洲的自由资本主义是不可取的。为此,他从第二年起开始执行四年计划,计划通过十个四年计划使国内的工业产值占到国内生产总值的一半。

在乡村,桑戈尔先后在1964年和1972年颁布土地国有化法令和"村社法",还在农村建立农业"合作社"。

在生产领域,他主张对外开放,要求利用西方的技术和资金并在相互依赖的基础上发展经济。桑戈尔政府为此提出"塞内加尔化"政策,包括干部塞内加尔化和资本塞内加尔化两方面的内容。但塞内加尔化进程缓慢、阻力重重,结果并不理想。在文化教育上,实现"社会正义"是建设民主社会主义的重要内容。经过十多年的实践,塞内加尔国内政局比较稳定,经济也有所发展,桑戈尔将此归功于非洲社会主义强调民主和人道主义。

六　风土人情

在历史上，塞内加尔社会同其他大多数西部非洲社会一样由种姓联结而成。种姓通常是按职业划分的，譬如沃洛夫人一般是木匠种姓，和图库济尔人有很多相似之处，可以互相通婚。另外，种姓也可以按传统习俗分，如沃洛夫木匠不能与沃洛夫农民或贵族通婚。

塞内加尔的家庭是有几代人共同生活的大家庭，平均每个家庭的成员有9—10人。家庭的稳固和资源的分配是由性别、年龄和亲嗣关系（父子关系或母子关系）所决定的。家庭不仅仅是构成社会的一个基本单位、决定着家庭成员在社区中的地位，还是一个经济单位。

由于伊斯兰教的关系，塞内加尔是一夫多妻、家庭成员众多的国家，一名男子最多可以娶4个妻子。塞内加尔宪法规定，男子可以选择一夫多妻或一夫一妻。一夫多妻制在塞内加尔农村比城市更为流行，因为这种选择可以获得更多的土地，多妻多子还意味着劳动人数的增加。

在农村，塞内加尔已婚男子中四分之一选择一夫多妻，但较为常见的是一夫两妻，三分之一以上的男子有至少两个妻子。不过，男性普遍结婚较晚，三分之二的男子29岁还是单身。相反，女性结婚较早，其中一半以上在19岁就结婚了。

虽然女权主义组织一致要求废除或禁止这一习俗，但没能说服政府改变这一现状。如前总统瓦德在2000年通过新宪法时讲了许多解放妇女的话，但拒绝取消一夫多妻制，认为它是"不能禁止的古老传统"。至于不同民族之间的婚姻，在城市要比农村常见。但婚姻大多具有宗教和社会双重意义。

大家庭通常是由家长主持的按血缘关系组成的共同体。家长享有绝对的权威，负责全家生产、生活和纳税。家长去世后或因病残不能操持家务，按沃洛夫人的规矩是由长子继承。劳动是以村社共同体为基础进行的。以沃洛夫族为例，家长选定一些供养全家的土地，同时也分给每个小家庭一份土地，每天早上全家男女老少都在公有的地里劳动，完成公有土地的耕作后，人们才可以到各自的地里干活。有的地方，家长还有权向每个小家庭征点"赋税"。

在大家庭中，通常只有男性有发言权，妇女受到不平等的对待。在图库勒人的村子，妇女完全是男性的附属品，男人可以随意成亲或离婚；孩子要由父亲起名字，孩子结婚只有经父亲同意才算合法，父亲必须出席结婚仪式并发表讲话才算最后批准；甚至在家中吃饭时，也要等男人先吃饱之后，女人才能吃。随着现代经济和商品货币关系的发展，青年人向往独立生活，纷纷外出做工，这种同堂共居的大家庭逐渐减少。不过，各民族的瓦解程度不一，如在沃洛夫族地区，同父同母生的兄弟一般仍同家长住在一起。

传统上，婚姻由父母包办，但这种情况在逐渐减少。一个男子如果想得到女方父母的同意，必须有经济上的保障并在求婚期间向女方提供价值不菲的礼物。塞内加尔人的婚俗颇具民族特色，其中又以富尔贝人的婚姻最为突出。在农村，牛对富尔贝人的婚姻很重要。男女青年订婚均由父母做主，彩礼一般以牛计数，其数量往往因未婚夫财产的多寡和各地的习惯而不同。男女青年一旦组成家庭，丈夫还要为年轻的妻子准备一份财产，这份财产是一头或几头母牛，完全属妻子私有。儿子结婚后，要同父母亲分开单独生活。所以，父亲要分给儿子一些牲畜作为礼物，礼物通常是一些母牛。

历史上，塞内加尔妇女中有一个非常富有的混血族群，当地人称为"希纳雷"（signare），她们是欧洲殖民者和非洲配偶的后代。殖民者离开塞内加尔后，她们经营其留下的商业或地产。到18世纪中叶，在戈雷岛登记的四分之三财产都属于希纳雷。她们还热衷于时尚，资助音乐家和艺术家。

塞纳加尔的传统民居是用茅草、芦苇、树木和黏土搭建而成的，现在在农村还相当常见。每户有一个院落，院内有方形或圆形的房子。在一夫多妻的家庭中，每位妻子都有自己的房子，里面有一间卧室、一间厨房和储存物品的空间。已婚的儿子有自己的房子，院内还有粮仓、鸡窝和家畜栏。院中通常有一棵大树，树荫下是妇女日常活动的主要场所，也是孩子们玩耍的地方。如果没有遮阴的大树，就要搭一个遮阳的塔式顶棚，当地人称之"姆巴尔"。

从16世纪开始，塞内加尔开始陆续出现欧式建筑，主要建材是石头、泥砖、树木和金属等。欧式建筑主要分布在沿海地区的城市，以戈雷岛和圣路易最为典型。通常有两层楼：一楼的房屋带有庭院、储存货物（包括奴隶在内）的房间和厨房等；二楼为经商人家的住处，有大客厅、卧室、厨房和大阳台等，还有一个走廊可以俯瞰整个庭院。这些房屋的建材很多是从欧洲运来，所以十分昂贵。但居住在农村的农民依然根据传统的建筑样式建造房子。所以，殖民主义时期的建筑既有传统的延续性，又有创新之处。独立后，塞内加尔的建筑注入了现代特点，开始追求新的风格，包括高层公寓，主要建材是钢筋和混凝土。

塞内加尔的传统服饰简约大方，男子是白色或浅蓝色长衫，女子为有长袖的长裙，女性头上常会顶着一个花朵一样的头饰。塞内加尔人讲究礼仪，着装整齐，忌袒胸露背。塞内加尔年轻人的着装比较现代，但很多中老年人仍穿传统民族服装，穆斯林每周五下午的祷告是一周最重要的活动，男人都穿长衫。

塞内加尔妇女非常重视发型，在发型上花很多工夫，通常保持1—2个月变换一次，而每换一次需要花数小时。

塞内加尔人作风朴实，为人坦诚，待人宽厚，爱交朋友，乐善好施。熟人见面通常持续握手，同时长时间互致问候。跟陌生人打招呼时，穆斯林问候语"salam aleykum"非常好用。

塞内加尔人以小米、大米、木薯和高粱等为主食，大米的消耗量较大。大米或小米总是与鱼、羊肉、牛肉联系在一起。塞内加尔有丰富的渔业资源，鱼是塞内加尔人饭桌上的重要菜肴。19世纪，圣路易的一名女厨师发明了鱼米饭，一种用米、番茄、鱼和蔬菜烹制而成的美食，被称为塞内加尔的国菜，2021年入选人类非物质文化遗产名录。

塞内加尔人喜吃辛辣食物，忌吃形状古怪的食物，如鳝鱼、甲鱼、鱿鱼、带鱼等。按照伊斯兰教规，禁止在公共场合饮酒。提加尼、穆里德和拉耶纳兄弟会禁止其成员吸烟，并且明文规定禁止烟草在其所辖地区流通，只有卡迪里兄弟会允许吸烟。

塞内加尔人的副食以牛羊肉为主，尤以羊肉居多。鸡是塞内加尔人餐桌上常见的食物，鸡肉亚萨（poulet Yassa）是塞内加尔的特色菜之一。很多塞内加尔人至今保持直接用手抓饭吃的传统。

塞内加尔人爱喝薄荷茶，这一传统来自毛里塔尼亚摩尔人。薄荷茶以绿茶、水、薄荷和糖加工而成。将茶壶中的水和茶煮沸，加糖，再次加热，倒入玻璃杯，然后倒入茶壶，再从茶壶倒入另一个玻璃杯，再倒入另一个玻璃杯，如此多次操作，茶水表面就出现了厚厚的泡沫。

七 民生

联合国开发署在《人类发展报告》中用人类发展指数（HDI）来衡量各个国家的人类发展水平，人类发展指数是以预期寿命、教育水准和生活质量三项基础变量为基础得出的综合指数。根据2020年《人类发展报告》，塞内加尔的人类发展指数为0.512，在189个国家中排名第168位，预期寿命为67.9岁，平均受教育年数为3.2，预期受教育年数为8.6，人均购买力平价为3309美元。多维贫困人口（MPI）占总人口的50.8%。1994年西非法郎贬值之后，塞内加尔经济呈良好发展势头，1995—2005年国内生产总值年均增长率为4.5%，贫困率从68%降到48%。2011年，生活在贫困线以下的居民占总人口的42.8%，2020年为37.8%。贫困现象在农村地区更为突出，农村地区的贫困人口比例为53.6%，而城市地区为19.8%。2018年，极度贫困人口为6.8%（ANSD）。

1. 就业

塞内加尔独立至今一直面临严重的失业问题。2021年，城市失业率为19.1%，农村失业率为29.8%；男性失业率为13%，女性失业率为35.8%（ANSD）。塞内加尔经济长期不景气，很多农村劳动力尤其是青年流入城市，但是缺乏在城市工作的技能，难以找到工作。另外，国家加快私有化进程之后，新兴企业出现的并不多，私营经济部门创造的就业机会很少。从劳动力就业分布看，从业人员主要集中在农业部门。1996年，在农业、工业和服务业就业的劳动力占劳动总人口的比例分别为76%、8%和16%。到2015年，在农业领域就业的人数比例仍然较高，为68.5%。根据世界银行报告，在塞内加尔劳动人口中，90%在非正规部门就业。根据塞内加尔国家统计局的数据，2021年第四季度，塞内加尔失业率为24.5%，劳动人口（15岁以上）占总人口的55.8%，53%的男性实现就业，28.2%的女性有工作。

2. 工资与物价

根据世界银行2019年的数据，塞内加尔的平均月工资合119美元（76600西非法郎），年工资为1430美元（921500西非法郎）。受经济发展的制约，最低工资在1996年调整后，22年没有增长。2018年，塞内加尔政府将最低工资增加到每小时302.89西非法郎（月工资52500西非法郎），2019年增加到334西非法郎。

1994年西非法郎贬值后，西非法郎区国家的物价普遍出现剧烈震荡，塞内加尔也未能幸免。1994年上半年，国内物价飞涨，通货膨胀率高达35%—40%。此后，塞内加尔在国际货币基金组织的帮助下，采取多种控制价格的措施。1995年，通胀率降至7.9%。1998—2002年，年均通胀率保持在1.6%左右。2003年，通货膨胀率为负增长，2012年为1.4%，2013—2014年低于2%，2021年为2.2%（ANSD）。2022年，俄乌冲突爆发，石油和食品价格快速上涨，西非经济共同体对马里的制裁导致塞内加尔与马里贸易往来停滞，这些因素对新冠疫情后的经济复苏产生不利影响。据国际货币基金估计，塞内加尔2022年通胀率为5.5%。

3. 社会保障

塞内加尔第一任总统桑戈尔曾提出建立一个公正、人道、先进的社会是塞内加尔实现"民主社会主义"的目标。在这一思想指导下，塞内加尔政府重视改善人民的工作与生活条件。塞劳动法规定，非农业劳动每周工作时间为40小时，农业劳动每年工作时间为2352小时，超过这一时限所完成的劳动一定要按照高出规定工资的比例补发工资。雇主必须允许工人每周休息一天。工人每年有30天带薪年假。塞内加尔还建立了比较完善的社会保障制度。

养老社会保险制度 养老社会保险立法始于1975年。政府采用社会保险的形式，将雇主和雇员交纳的保险金作为养老资金来源，政府并不负担保险费用。养老保险的对象是所有雇员，包括家务工人、季节工和日常工作的工人。政府雇员另有单行制度。养老保险的基金来源有多个方面：受保人交纳收入的3.5%；雇主交纳工薪总额的5.3%；管理阶层者还需以每月60万非洲法郎为上限交纳收入的2.4%，作为受供养人补助。交纳保险费和享受年金待遇的收入最高限额为每个月20万西非法郎。

医疗保险与生育保险制度 医疗保险与生育保险的对象和医疗补助的对象为所有雇员，包括学徒及家属，但临时工除外。医疗补助保险的基金由受保人和雇主交纳，根据医疗补助基金的情况，受保人最多交纳收入的3%，雇主最多交纳工薪总额的3%，政府不负担任何费用。1973年，塞内加尔就生育津贴立法，采用社会保险方式，资金来自雇主、雇员和政府。生育津贴为工资的一半，产前支付6周，产后支付8周。根据塞内加尔劳动法，产假为14周（98天），其中8周为产后假期。孕妇在怀孕期间要定期接受医疗和产科检查，否则不能享受津贴。40%—80%的医疗和药物费用以及住院费用由政府负担。

家庭补贴 政府对有子女的家庭发放补贴，资金一部分来自雇主交纳的保险金，另一部分来自政府。家庭补贴只限于工薪族，包括：有孩子的已婚男性和未婚女性；已婚女性但丈夫不是工薪族。享受家庭补贴的条件是子女年龄必须在 15 岁以下。

政府设有专门机构对社会保障制度进行监督和管理，劳工和就业培训部对整个社会保险制度的运行行使监督职能，社会保障基金会具体管理疾病与生育补助、工伤补助、家属补贴方案。塞内加尔的社会保障制度使残疾人、病人、老人、孤儿、妇女等社会弱势群体能够得到数量不等的补助，穷人家庭的子女也能享受初等、中等教育。

八　医疗卫生

据世界卫生组织统计，塞内加尔全国医疗卫生总支出占 GDP 的 4.7%（2016 年数据），按照购买力平价计算，人均医疗健康支出 107 美元（2014 年数据）。

独立前，塞内加尔的医疗卫生设施主要集中在达喀尔，其他城市及乡村的百姓主要求助于传统治疗方法。独立后，政府在各行政区设有一名医疗官员、一家综合医疗机构、一家药店。全国设有公共健康服务中心、产科医院、儿童健康中心和学校医疗服务中心。政府在发展医疗卫生事业的同时，注意逐步改变地区分布不合理的状况。

2000 年，塞内加尔政府发布《减少贫困战略文件》。文件承诺，致力于确保人民有同等的医疗卫生权利，促使医疗卫生机构均衡分布；使广大患者更及时、更容易地得到基本药品和进入医院治疗；增加卫生保健的预算，改善各种保健服务（基本保健、产前保健、接种疫苗、早产保健、紧急外科手术、性病和艾滋病防治），降低婴儿死亡率和产妇死亡率；努力做好家庭计划以降低人口出生率。

塞内加尔的医疗卫生体系分为四个层次：国家级医院、区级保健中心、中级保健中心、地方和社区保健中心。在公立医疗机构层面，现有36家医院，省级一级医院10家、二级医院15家、三级医院11家、卫生院102个、卫生站1415个。在私营医疗机构层面，有3个私立医院、37个保健中心、118个诊所和443个辅助医疗诊所（2017年数据）。

在塞内加尔，公务员以及60岁以上、5岁以下的国民享受公费医疗，其他人需通过保险公司获得医疗保障。通过就职的公司加入医疗保险的人可报销40%—80%的医药费。个体经营者、失业者和在非正规部门工作的人通过私营保险公司获得保险服务。2008年，全国仅15.2%的人有医疗保险，其中大多数是私企工人和公务员。2013年，塞内加尔实施强制医疗保险（AMO）改革，目标是到2017年覆盖75%的人口，这项措施主要针对来自农村和非正规部门的人。到2020年底，塞内加尔享受医疗保险的人数增加到了880多万，占总人口的53.2%。

尽管塞内加尔政府努力改善国民的医疗卫生条件，但是医疗卫生仍然面临严重的问题。一是医护人员和医疗设备短缺，无法满足居民医疗卫生的需要。1995—1997年，塞内加尔每1万人有0.8名医生，随着人口的增加，现在的比例变为每1万人有0.6名医生。二是医疗卫生服务覆盖地区分布不均，城乡差别大。2008年，全国有20所综合医院，其中7所在达喀尔。70%的医生和80%的药剂师和牙医在达喀尔。全国一半以上的综合医院和四分之三的医护人员集中在达喀尔和捷斯。因此，医疗人员不足和基础设施不足的问题在首都之外更加突出。此外，医疗费用高迫使一些塞内加尔人求助于传统医学，或自己用药。一次简单就诊的收费可达19000西非法郎，而最低工资只有50000多西非法郎。

塞内加尔在艾滋病防治方面取得了令人瞩目的成绩。2003年，第13届非洲艾滋病与性病国际会议公布的有关非洲艾滋病的统计数据显示，西非国家的艾滋病感染率为0.5%—11%。塞内加尔的艾滋病感染率控制在0.5%左右，在非洲大陆属感染率很低的国家。塞内加尔的抗艾方法是向大多数的高危人群，即青年和妇女提供有效的预防方法，广泛宣传预防艾滋病的知识。自1986年发现第一例艾滋病患者后，塞内加尔政府立即成立包括内政、外交、妇女及社会保障等多部门在内的专门委员会，负责制定艾滋病防治战略。国家设立艾滋病防治局，指导和协调全国的艾滋病防治工作。为防止艾滋病蔓延，塞内加尔还采取了一系列具体措施。自1986年起，献血者提供的血液必须经过检测，以防携带艾滋病毒的血液进入血库。2020年，15—49岁的塞内加尔女性艾滋病毒感染率为0.4%，男性为0.3%（联合国艾滋病规划署）。

九　教育

塞内加尔独立以来，在教育、科学、文艺等领域均有不同程度的发展，人类发展指数不断上升。根据2020年联合国开发署公布的《人类发展报告》，塞内加尔的人类发展指数为0.512，在189个国家中排名168位，平均受教育年数为3.2，预期受教育年数为8.6。人类发展指数高于0.80为高水平，0.50—0.79是中等水平，低于0.50是低水平。

在殖民主义者到来之前，塞内加尔人主要通过口头传承知识和文化。17世纪初，法国殖民主义者将教育作为殖民征服的手段之一。1816年，他们在圣路易建立了塞内加尔的第一所小学，专门吸收酋长和翻译的子弟入学。1843年，建立了塞内加尔的第一所中学。1855年，在圣路易建立了一所"人质学校"，要求战败的酋长将子弟送入该校，待他们完成殖民教育课程后被殖民政府指定为管理者回到自己的领地，由此为西方教育在塞内加尔的发展打下了基础。

在法国殖民统治时期，塞内加尔的教育结构与教育内容严格按照法国宗主国的模式设置，用法语教学，目的是训练当地非洲人服从殖民者的管理并用法国文化同化非洲人，因而带有明显的文化渗透和文化侵略的色彩。1931年9月，在巴黎召开的殖民地及海外领地教育会议上，规定教育改革的宗旨是：竭力通过初级教育向非洲青年灌输他们的祖先与法国人的祖先一样都是高卢人。

虽然殖民者的教育具有浓厚的同化塞内加尔人民的色彩，但客观上给塞内加尔带来了一套西方的教育体制，发展了塞内加尔的现代教育，使之成为非洲地区教育发展基础较好的国家之一。法国在塞内加尔创办的学校最多。1950年在达喀尔建立了塞内加尔的第一所高校，1957年改名为达喀尔大学，它是法语非洲的第一所大学，当时包括文、理、法、医4个学院。到1958年，塞内加尔共有小学434所，中学15所，技术学校8所，大学1所，即达喀尔大学。在达喀尔，还有一所工业技术学院。

塞内加尔独立之后，政府十分重视文化教育事业的发展和人力资源的开发。桑戈尔执政时期，提出把培养人、教育人、提高人的文化素质作为民主社会主义的核心与首要任务，因此，文化教育的开支在政府每年的财政预算中占首位。迪乌夫执政后，决定在小学用民族语言上课，大力发展民族文化，推进教育课程非洲化。为此，政府从1981年开始积极倡导民族语言的读写，阿拉伯语成为中学的必修外语。与此同时，学者们也积极编撰新的历史地理教科书。另外，迪乌夫执政后，解除了桑戈尔执政时不准学校开设宗教课的禁令，决定在小学开设宗教课。

自20世纪90年代起，政府实行1995—2008年教育培训计划，特别强调提高女性入学率，并争取每年学生的入学率提高5%。教育经费来自国家财政拨款、地方基金和国外援助，教育预算得到稳步增长。1998年，塞内加尔制订了2000—2010年教育发展十年计划，获得非洲发展基金会（简称FAD）提供的2070万美元贷款。政府大力发展公立学校作为国家义务教育的杠杆。同时，为了体现国家实行教育民主化和多样化，缓解公共资金短缺的问题，政府也支持私立学校作为国民基础教育的补充。私立学校通常由宗教团体运营，其管理和特色受宗教影响较大。

尽管塞内加尔的教育取得了相当程度的进步，但仍面临本国师资力量薄弱、教育设施不足的问题。塞内加尔属低龄人口国家，15岁以下儿童占总人口的 43.3%（2015 年数据）。另外，地区之间在教育发展程度上存在较大差异，西部中等以上教育的发展水平远远超过东部地区。塞内加尔的文盲率仍然较高。塞内加尔全民教育联盟于 2021 年世界扫盲日发布的公报显示，超过 50% 的塞内加尔人是文盲。在塞内加尔农村，很多年轻人不上学，因此不懂法语。66% 生活在农村的居民没有任何语言的读写能力。

2000 年 4 月，联合国教科文组织和世界银行等在达喀尔联合召开世界教育论坛，通过了以"全民教育：履行我们集体的承诺"为主题的达喀尔行动纲领，确立至 2015 年之前实现全民教育的目标。2000 年 5 月，塞内加尔政府发布《减贫战略》，强调特别要改进教育与卫生事业，提出重点教育目标：将小学入学率提高到 75%；提高女童入学率，降低女童文盲率；竭尽全力提升各级教育质量；更好地分配公共资源以使教育体制更加有效。

塞内加尔小学的法定入学年龄为 6 岁，学制为 6 年。完成 6 年学业者，可获初等学习证书。中学教育分为普通中等教育与中等技术和职业教育。中学入学年龄为 12 岁，学制为 7 年，分为两个阶段。第一阶段为初等教育，学龄为 12—16 岁。学校分为两类：一类是初中，学校有普通教育中学和公立中学，学制 4 年，学业结束可获得初中学习毕业证书；另一类是技术学校，学制 3—4 年，完成 3 年学习计划，获得职业资质证书，完成 4 年技术员的中学学习计划后可获得农业技术员毕业证书。第二阶段教育也分为两类，一类为高级中学教育，学制 3 年，学龄 16—19 岁，学习方向有 4 种选择：普通、短期技术教育、长期技术教育和职业教育。学校有公立普通教育中学和公立技术中学，学业结束后获得相关证书，有资格上大学。另一类为职业教育，学制 2 年，学龄为 16—18 岁。学校有技术中学和职业中学。入学条件是完成普通初级教育并获得初中学习毕业证书。技术教育包括两个计划：一是培养管理和技术人员；二是为中等技术教育储备人才，学生完成 2—3 年学习计划后获得技师代理人证书或者技师证书，学生也可以继续在公立技术中学参加第四年学习以获得技师学位会考证书。

塞内加尔重视发展高等教育，全国有 6 所公立大学、10 所私立大学和学院、32 所高等专科学校。谢赫·安塔·迪奥普大学（达喀尔大学）是撒哈拉沙漠以南地区历史最悠久的高等学府之一。此外，还有撒哈拉以南非洲基础学院、撒哈拉以南非洲经济与商学院、非洲行政研究学院、塞内加尔行政学校、技术学校、兽医学校等。20 世纪 80 年代，加斯顿·伯格大学（Universite Gaston Berger，UGB）在圣路易附近成立，包括法学院和经济学院。

大学录取的前提条件是具有中学会考证书（baccalaureat）。大学学制分为 3 个阶段。第一阶段为本科阶段，学习两年，以公共基础课为主。人文学科专业的学生可获得文科大学专业教育文凭，理科专业的学生可获得科学（理科）大学专业教育文凭，法学和经济学专业的学生则获得法学和经济学大学专业教育文凭。第二阶段为硕士研究生阶段，学习一年专业课程后获得学士学位。拥有学士学位后再进行一年的研究生课程学习，可以获得硕士文凭。法学和经济学专业的学生获得法学和经济学大学本科教育文凭后，可在两年内直接学习以获得高等教育硕士文凭。医学专业的学生，学习 7 年后获得医学医师文凭。工程学被授予工程师文凭。第三阶段为博士研究生阶段。获得硕士文凭后，至少经过一年研究工作可以获得深入学习毕业证书，凭此证书方可继续注册博士阶段学习。法学、经济学、艺术和理学专业具有资格的学生进行至少两年的学习，然后提交论文，答辩通过后可获得博士学位。

谢赫·安塔·迪奥普大学前身是 1918 年在达喀尔建立的法属西非医科学校。塞内加尔于 1938 年和 1950 年先后建立撒哈拉以南非洲法兰西学院和达喀尔高等研究院。1957 年 2 月，塞内加尔在此基础上建立达喀尔大学。1987 年 3 月，为纪念已故著名历史学家谢赫·安塔·迪奥普而改名为谢赫·安塔·迪奥普大学（Institut Fondamental d'Afrique Noire，IFAN）。作为综合性重点大学，该校目前有 6 个学院，即医药医学院、政法学院、科技学院、语言文学和人文科学院、经济管理学院和教育培训学院。另有 8

所高等专业学院，即地球科学学院、撒哈拉以南非洲基础学院、实用经济高等学校、大众教育与体育国家高等学院、信息科技研究中心、技术和职业教育高等师范学院、图书档案资料管理学校和综合工科高等学校。此外，还有21个专科学校、研究中心、图书馆等机构。

塞内加尔的重点研究领域是历史学，并在该领域取得了丰硕成果。针对西方殖民者殖民历史主义观点，塞内加尔学者提倡"黑人传统精神"，努力挖掘自身民族的历史与文化，其中最著名的历史学家是谢赫·安塔·迪奥普。

谢赫·安塔·迪奥普是塞内加尔的教育专家、史学家、人类学家、政治家，生于1923年，年轻时赴巴黎求学，先学物理化学，后转向历史和社会学，1960年获博士学位。他回国后在达喀尔大学任教，直至1986年逝世。

迪奥普在非洲、西方和闪米特历史研究方面造诣颇深，是世界享有盛名的埃及学家、语言学家和人类学家，有非洲学术界的"法老"之称，是非洲中心论的代表人物之一。在1966年达喀尔举行的第一届世界黑人艺术节上，迪奥普被评为"对20世纪影响最大的非洲作家"。

迪奥普的主要著作有《黑人民族与文化：从埃及古代黑人到今天撒哈拉以南非洲的文化问题》（1955年）和《撒哈拉以南非洲的文化统一性》（1959年），其主要观点是作为西方文明起源的古希腊文明部分源于古埃及文明，而古埃及文明是一种黑人文明。他认为，古埃及人与现代非洲黑人在肤色、发质、体型、鼻子和嘴唇方面有相同的特征。撒哈拉以南非洲居民的祖先可能是古埃及人，部分古埃及人迁移到了撒哈拉沙漠以南的非洲，尤其是西非。迪奥普认为，在语言上，现在塞内加尔使用的沃洛夫语在语音上与古埃及有关。

他对非洲语言、哲学、艺术、社会结构的发展都进行过研究。在著作《撒哈拉以南非洲：建立一个联邦国家的经济和文化基础》（1974年）中，他通过重新挖掘撒哈拉沙漠以南地区的历史和文化遗产，提出非洲国家建立政治、经济和文化统一体的可能性，反映了他的泛非主义理念。他提出一个大胆方案——建立泛非联邦国家。

撒哈拉以南非洲基础研究院是著名综合学术研究机构，隶属于谢赫·安塔·迪奥普大学，相当于国家科学院。该院由法国殖民政府初建于1936年，创始人是法国历史学家阿尔贝·夏尔教授，建立之初研究方向是西非的人文与自然科学。1959年3月21日，该机构成为谢赫·安塔·迪奥普大学附属研究机构之一。自然科学研究分设地质、动物、植物、海洋生物、气象、医药6个部门。社会科学包含10个部门：社会科学部、历史学部、地理学部、史前史部、人类学部、人类文化学部、印度非洲语言与文化部、语言学部、伊斯兰教学部和撒哈拉以南非洲语言与文化部。

十　体育

塞内加尔政府鼓励开展各项体育活动，在全国行政区以及省一级单位都设有相应的机构，领导和组织地方的体育活动。每年举办全国单项体育运动锦标赛，每两年举办一次为期两周的青年文化体育比赛。20世纪90年代初，中国在达喀尔援建了一座能容纳6万人的综合体育场，对推动塞内加尔的体育运动起到了积极作用。

塞内加尔足球队是非洲足球劲旅。足球运动发端于第一次世界大战期间，由法国人引进。足球是塞内加尔最普及的现代体育运动，不仅为城市青年人所喜爱，也在广大乡村地区普及，每个村庄都有自己的球队。塞内加尔国家队成绩斐然，1990年进入非洲国家杯四强，2002年首次参加世界杯在揭幕赛上击败上届冠军法国队，其后与强敌丹麦、乌拉圭战平，战胜瑞典，历史性地闯进八强，成为那届世界杯的一匹黑马。塞内加尔每年都要举行三种不同类型的全国性比赛——全国足球杯赛（又称共和国总统杯赛）、全国足球锦标赛和塞内加尔国民议会议长杯赛。国家鼓励球员赴欧洲踢球，塞内加尔足球队的绝大多数球员在欧洲踢球，其中大部分队员在法国。

塞内加尔的篮球运动具有优势，水平居非洲各国之首。传统式摔跤在塞内加尔已有千年历史。武术也是塞内加尔最受欢迎的体育项目之一，全国共有36个武术俱乐部。自2001年起，武协每年举办一次武术表演大会。

塞内加尔人拉米内·迪亚克于1999年至2015年担任国际田径联合会主席。他曾经是一名优秀的田径运动员，1958年获全法男子跳远冠军。阿卜杜拉耶·塞耶·莫罗于1998年至2002年担任国际篮球联合会主席。

十一　新闻媒体

塞内加尔的日报和周报约有15种，多用法语出版。主流报纸《太阳报》创刊于1970年，前身是1933年由法国人查尔斯·布里特耶（Charles de Breteuil）创办的《巴黎—达喀尔》周报，1936年改为日报，成为撒哈拉沙漠以南非洲的第一份日报，是塞内加尔最大的法文日报。其他报纸有《南方日报》（Sud Quotidien）、《晨报》（Le Matin）、《现时》（L'Actuel）、《达喀尔晚报》（Dakar Soir）、《黄昏纪事》（L'Evenement du Soir）、《新闻》（L'Info）、《观点》（La Pointe）、《民众》（Le Populaire）、《传单》（Trac）和《火山》（Le Volcan）等。塞内加尔的新闻媒体主要使用法语，但有一些媒体重视使用民族语言，尤其是沃洛夫语。

塞内加尔通讯社是国家通讯社，成立于1957年。泛非通讯社（Agence Panafricaine d Information，PANA-Presse SA）的总部设在达喀尔。

塞内加尔广播电视隶属于塞内加尔通讯社，1973年建立的广播电视局于1992年改为塞内加尔广播电视公司（Radiodiffusion Television Senegalaise，RTS）。广播电视公司拥有2个国家广播电台和8个地区广播电台，其中，塞内加尔国际电台于2001年建立，用法语、英语、阿拉伯语、葡萄牙语、西班牙语、意大利语、索宁克语、普拉尔语、沃洛夫语广播新闻节目。

? 思考题

1. 塞内加尔所处位置有什么特点？
2. 塞内加尔人口的特点是什么？什么原因导致塞人口快速增长？
3. 伊斯兰教对塞内加尔有怎样的影响？
4. 社会党执政时期的政治环境有什么特点？

第二章 历史沿革

第一节 古代简史

提到塞内加尔的史前史和原始史，人们就会想到冈比亚河附近的巨石圈和法久特岛（Fadiouth）的贝丘。考古发现证明，史前时期塞内加尔已有人类存在。考古工作者在佛得角半岛发现旧石器时代的两面器，在鲁菲斯克附近或塞内加尔东部发现石刀和石斧。在新石器时代，塞内加尔沿海地区生活着大量渔民和商人，在萨卢姆河口一带发现的陶瓷和精致工具证明了这一点。

公元前4世纪起，塞内加尔先后出现沿海地区海贝贝丘文化、上萨卢姆和冈比亚石器文化、塞内加尔河谷地区陶瓷文化、内陆地区坟冢文化，以及塞内加尔河谷中、东地区炼铁文化。公元4世纪，卡萨芒斯和塞内加尔东部地区开始进入铁器时代，冶铁遗址遍布整个东部地区，标志农业文明的到来。跨越撒哈拉沙漠的贸易发展起来，商人用奴隶、黄金、盐交换奢侈品。贸易的发展带动了帝国的兴起，从4世纪到16世纪，塞内加尔先后被纳入加纳帝国、马里帝国和桑海帝国的版图。根据早期葡萄牙商人的著作，塞内加尔最早的居民是沃洛夫人、谢列尔人和图库勒人，他们从北方逐步向南方迁移到塞内加尔。

加纳帝国的前身是4世纪索宁克人在塞内加尔河北岸建立的王国，疆土从尼日尔河伸展至塞内加尔河。8世纪末，阿拉伯商人和摩尔人传教士将伊斯兰教带入加纳帝国。1075年，由撒哈拉柏柏尔人在西非建立的穆拉比特王朝侵略加纳帝国，1077年加纳帝国瓦解。

公元10世纪，图库勒人在塞内加尔河谷中部地区建立了塔克鲁尔王国（Takrur Kingdom）。第一任国王瓦尔·贾比（Waar Diaabé），在北非穆斯林商人和传教士的劝说下皈依伊斯兰教，成为第一个信奉伊斯兰教的西非黑人国王。他要求其属民也皈依伊斯兰教，并在其统治地区实施伊斯兰法。

跨撒哈拉贸易使塔克鲁尔王国成为欧洲、马格里布、撒哈拉沙漠以南非洲之间小麦、黄金、奴隶和盐的交易中心，同时也成为伊斯兰教向西非其他地区传播的中心。在穆拉比特王朝进攻加纳帝国时，塔克鲁尔王国成为穆斯林教士和传教士的训练基地。

塔克鲁尔王国于14世纪成为后起马里帝国的附属国。14世纪早期，马里帝国领土包括塞内加尔东部三分之一的面积。当马里帝国在内陆进行扩张时，沃洛夫人于14世纪中叶在今塞内加尔建立朱洛夫帝国，统治了塞内加尔—冈比亚中部和北部地区。

尽管穆斯林教士、商人和宫廷顾问竭力传播伊斯兰教，朱洛夫帝国却在抵制伊斯兰教，大多数领导人和人民坚持传统宗教信仰。15世纪，朱洛夫帝国达到鼎盛时期，控制了冈比亚河以北的塞内加尔中心地带。16世纪中叶，朱洛夫王国所属的信奉伊斯兰教的瓦洛、卡约尔、巴奥尔、辛—萨卢姆省要求建立自己的独立王国，并诉诸武力，导致帝国分裂。

塞内加尔古代王国的社会结构一直是比较稳定的，大多数是以血缘关系为基础的等级社会。它通常分为三个等级：自由人、工匠和奴隶。自由人包括贵族、农民和平民；工匠属于世袭，以职业划分包括金匠、银匠、铁匠、木匠、织工、皮革工、音乐人和巫师；奴隶是社会的最底层。自由人中的最高等级是皇室成员，贵族是通过婚姻与皇室联系密切的家庭或与当地首领和军事领导人联系密切的家庭。因为社会建立在自给自足的农业经济和以货易货式的贸易基础上，工匠只能依靠从农民那里换来粮食谋生，在社会中没有地位。

塞内加尔传统社会的基层是家族或叫大家庭。家族以上是氏族，即可以追溯到一个共同的祖先，是以血缘关系为纽带的共同体。氏族内部由年老的家长管理土地，每个成员都有权耕种一块属于本家族的土地。氏族成员通常一起劳动，一起吃饭，共同分享劳动成果。两三个或三个以上的氏族聚居在一起就形成了一个自然村，这样的村落构成古代塞内加尔王国的基层单位。有共同语言和文化习俗的村落构成部落，或民族。

到殖民者入侵前，塞内加尔有十多个民族，不同程度地接受了伊斯兰教，以及阿拉伯的文化、科学技术知识。到十五六世纪，在塞内加尔所有地方都有了伊斯兰教信奉者。这一时期，塞内加尔的经济和文化已经取得了相当大的发展。经济以农业为主，织布、铁器制作及其他小手工业也发展较快。随着同北非贸易往来的频繁，商品货币关系也发展起来，黄金、树胶等都是吸引北非商人的物产。

第二节 近代简史

一 最早到塞内加尔的殖民者

关于塞内加尔名字的由来有多种猜测。根据《青年非洲》杂志的介绍，塞内加尔的名字可能是16世纪就出现在法语中，来自葡萄牙语"canaga"，葡萄牙人是最早到达非洲大陆的欧洲人。神父大卫·布阿莱（David Boilat）在1853年出版的《塞内加尔素描》一书中写道，一位叫费尔南德斯的旅行者1446年到达塞内加尔河边，向几个渔民打听河的名字。渔民以为他问的是船，便用沃洛夫语回答"sunu gaal"，意思是"我们的独木舟"，费尔南德斯以为河的名字是"塞内加尔"，这个名字就这样传了下来。

当时，在上塞内加尔河谷的朱洛夫帝国和一些王国与阿拉伯人进行的奴隶贸易十分盛行，葡萄牙人很快加入这一行列。1460年，他们以佛得角群岛为基地做起了奴隶、黄金和其他货物的贸易。葡萄牙人还沿塞内加尔河进入内地进行贸易，并且在塞内加尔设立贸易代理机构。1617年，荷兰人看中戈雷岛在船只停泊和贸易上的价值，买下小岛。"戈雷"来源于荷兰语"好的锚地"（Goede reede）。这个不足一平方公里的小岛离大陆很近，因此成为与大陆进行贸易、买卖奴隶的转运站。

二　法国征服塞内加尔

继葡萄牙人和荷兰人之后，英国人和法国人也在塞内加尔建立了贸易基地。1626年，法国第一诺曼底公司的船只满载棉织品、尼龙、肥料和农具等，到达塞内加尔恩达尔岛，与当地人进行易货贸易。1636年，法国第二诺曼底公司的船只去塞内加尔时，卡普勤教会的传教士一同前往，开始向当地人传教。随后，法国人又成立了第一塞内加尔公司、第二塞内加尔公司和第三塞内加尔公司，从事黑人奴隶贸易。

法国殖民者对塞内加尔的入侵始于1659年，首先占领恩达尔岛，在那里建立了圣路易城。在后来的一个半世纪里，圣路易成为法国在西非的活动中心。1677年，法国人赶走占据戈雷岛的荷兰人，将小岛变成海军基地，接着占领了达喀尔和鲁菲斯克。葡萄牙人被迫撤到南部卡萨芒斯地区。17世纪末，法国建立了殖民地政府，由一名代表法国国王的总督管理。

起初，阿拉伯树胶是法国人在塞内加尔主要寻求的资源，后来奴隶贸易占了主导地位。奴隶被运到大西洋彼岸的美洲和西印度群岛，卖给那里的种植园。戈雷岛在奴隶贸易中拥有距离近和良港的优越条件，不仅便于航行至美洲，而且奴隶不易逃走，成为西非奴隶贸易中心之一。1794年，法国雅各宾派当权，宣布废除所有法属殖民地的奴隶制和奴隶贸易，但非法的奴隶贸易到19世纪后半期才停止。1848年，在多年遭到各阶层人士反对的情况下，法国临时政府宣布废除法国殖民地的奴隶制。长达400多年的奴隶贩卖活动基本结束。

法国人和英国人分别在塞内加尔河和冈比亚河上建立了自己的势力范围，展开对抗。双方在1689—1815年先后进行了7次较大规模的战争，目标之一是争夺对塞内加尔沿海地区的控制权。1783年，英法签订《凡尔赛协定》，1817年签订《维也纳协定》。按照两个协定，塞内加尔归法国，冈比亚河沿岸归英国。

19世纪四五十年代，欧洲对花生的需求不断增长，塞内加尔的花生种植面积随之扩大，塞内加尔经济重心从原来的海岸和河谷转移到中部和西部农业地区。从1848年起，法国殖民者开始沿塞内加尔河向内地开拓殖民地，沿塞内加尔河中下游又建立了一批殖民据点。19世纪70年代后，法国资本家的扩张野心驱使殖民者向塞内加尔大举进兵，实行军事远征，首先平定塞内加尔河谷的各族。1855年，瓦洛王国被占领。接着，所有沃洛夫人王国被摧毁、分割或控制。1886年，法国殖民者控制了除卡萨芒斯以外的塞内加尔大部分地区。1895年，法国政府颁布法令建立法属西非联邦，囊括塞内加尔、法属苏丹（今马里）、法属几内亚和科特迪瓦。

三　反抗法国殖民者入侵

塞内加尔的穆斯林反对法国利用当地王公贵族的势力从事奴隶贸易，法国则借助当地土著王国的力量对抗伊斯兰势力。起初伊斯兰教主要在君王和贵族之中传播，从17世纪起开始在人民中盛行，并且影响越来越大。大西洋奴隶贸易使大批内地农民沦为奴隶且被殖民者运至美洲。由于奴隶贸易有利可图，王国之间为争夺奴隶来源发动战争，造成地区动荡。奴隶贸易还导致粮食减产和饥荒。

17世纪六七十年代，摩尔人伊斯兰教士和沃洛夫人联合发动了一场反对当地王公贵族贩卖奴隶的战争，史称布巴战争（Bubba War）。战争波及除巴奥尔和富塔王国以外的所有沃洛夫人的王国。尽管战争以失败告终，但整个事件影响很大，群众开始把宗教活动当作反抗压迫、反对君主体制的手段。19世纪中叶以后，法国殖民者公开支持被推翻的君主，恢复他们的政治地位。塞内加尔人民选择了伊斯兰教，用弓箭和长矛抗击殖民军队。

法国殖民者沿着塞内加尔河向西非内陆扩张时遇到的最大阻力是哈吉·奥玛尔·塔尔（Hajj Umar Tal）领导的图库勒帝国。奥玛尔是塞内加尔—冈比亚地区最有影响力的伊斯兰教领袖，他既反对传统贵族进行奴隶贸易，同时也反对法国殖民者的入侵。1848年，面对法国人的扩张，他组建了一支训练有素的军队，装备了新式火药武器。1852年，他发动圣战，要统一塞内加尔河流域诸王国，建立强大的图库勒帝国。

伊斯兰教士马巴·迪亚胡·巴（Maba Diakhou Ba）继承奥玛尔事业，并在一段时间内遏制了法国殖民扩张。1861—1867年，迪亚胡在萨卢姆河到冈比亚之间建立了政权，控制了塞内加尔南部地区。其间，他向沿海各国发动了一次伊斯兰教传教运动，促使沃洛夫人的卡约尔国王拉特·迪奥尔（Lat Dior）和朱洛夫国王阿尔贝里·恩迪耶皈依伊斯兰教。1862年，迪奥尔发动了一场反对法国人的战争，但以失败告终，卡约尔被并入殖民地。

19世纪后半期，法国殖民者开始了对塞内加尔的全面征服。伊斯兰教领袖阿马杜·邦巴和哈吉·马立克·西分别领导塞内加尔最有影响力的两个伊斯兰教派——穆里德教派和提加尼教派。邦巴带领信徒对殖民者进行非暴力斗争，由此成为温和的穆里德教派的精神偶像。1895年，法国殖民者占领塞内加尔全境。不过，塞内加尔人没有放下武器。在卡萨芒斯地区，迪奥拉人和富尔贝人的武装反抗一直持续到1915年。

四 法国在塞内加尔的殖民统治

法属西非联邦于1895年建立后，由法国任命的总督管理殖民地，管理塞内加尔的总督也是法属西非联邦总督，圣路易岛上的总督府成为法国殖民主义的主要象征。1902年，联邦首都从圣路易迁到达喀尔，许多法属

撒哈拉以南非洲（撒哈拉沙漠以南地区）的最高级行政和社会服务机构也设在达喀尔。

塞内加尔有按宗主国模式建立的市议会和地区议会。从1872年到1880年，圣路易、戈雷岛、鲁菲斯克和达喀尔先后成为自治市。在法属西非联邦内，塞内加尔享有特殊地位，四个自治市的居民可以享有法国公民权，并通过市议会、殖民地全国议会向法国议会选派代表。殖民地有不少受过教育并西方化了的非洲人，这些人参加代议制政府，获得了现代政治的训练。

法国最初利用当地酋长进行间接统治。随着局势的稳定，法国人越来越倾向于采用直接统治的方式，将当地酋长贬为下级地方官员。法属西非联邦总督由法国殖民部领导。一个咨询性的政府委员会和几个管理行政的部和委员会协助总督管理殖民地。联邦的领地分成15州，每个州由一个法军司令管理。

法国殖民当局还采取分而治之的统治手段，将塞内加尔分成两个截然不同的行政实体，四个自治市的居民与其他地区居民的地位截然不同。早在17世纪，法国殖民者就将沿海居民视为海外领地公民。法兰西第三共和国时，出生在达喀尔、戈雷岛、鲁菲斯克和圣路易的人拥有法国公民权利。

在经济方面，法国出于自身的需要鼓励当地人种植花生。法国殖民者投资建设港口、铁路和公路，交通的便利扩大了花生贸易。1885年，西非第一条铁路达喀尔—圣路易线开通，铁路全长263公里。铁路原计划从达喀尔延伸至尼亚美，全长3000公里，但因种种原因，实际只修到马里的库利科罗。

20世纪初，花生种植成为塞内加尔的经济基础。经济繁荣与花生的生产和出口紧密联系，种花生成为大多数农民生活的主要来源。花生促进贸易增长，为殖民地政府带来更多的税收。到20世纪30年代末，将近三分之二的塞内加尔农民从事花生种植。花生的生产和出口使塞内加尔成为法属西非殖民地中最富有的殖民地。但这种单一经济作物体制给塞内加尔带来的影响是,花生面积的不断扩大造成传统农产品生产的萎缩,严重阻碍了塞内加尔农业生产力的发展。

除了行政上的集权、经济上的单一作物结构之外,法国在文化上实行同化政策。法国历任总督都认为,军事占领并不能使兼并的领土成为法国的土地,想最终征服非洲人的灵魂要依靠传教士传播天主教,因此他们在被征服的土地上兴建教堂和学校,力求使天主教势力压倒伊斯兰势力成为法国殖民者的文化目标。1822年,教会在圣路易建立教堂、神学院和教会学校。为了控制各王国,1855年,在圣路易开办"人质学校"(Ecole des otages),塞内加尔所有战败的酋长要送一个儿子或侄子入学,作为忠于法国的保证。

伊斯兰教曾是塞内加尔人反法斗争的精神武器,殖民当局最初采取的方式是镇压,比如流放伊斯兰领袖,但这反而提高了这些领袖在人民中的威望。于是,法国殖民当局改变了做法,尽可能地利用伊斯兰教为殖民政府服务。伊斯兰教领袖也认识到依靠军事力量不能将法国人赶走,便决定与殖民当局和平相处,以换取伊斯兰教派的合法地位,从而可以自由地宣传伊斯兰教、组织信徒和建立古兰经学校。

第三节 现代简史

20世纪初,随着欧洲列强殖民主义步伐的加快,塞内加尔已完全沦为法属殖民地,并形成了现在的国界。同时,随着世界形势的变化,塞内加尔人民的反抗殖民主义斗争也进入新的阶段。

一 塞内加尔民族意识的觉醒

由于法国的同化政策，塞内加尔出现了西方教育培养的塞内加尔知识分子。他们懂法语，通晓法国文化和制度，积极参加殖民地的政治选举，被法国革命和人权宣言的平等精神所鼓励，关心种族歧视问题，想获得与法国人平等的地位，紧追国际事务和法国及欧洲政治发展的步伐。1914年，政治团体"塞内加尔青年"成立，成员定期举行集会，谈论有关就业、工资、津贴等社会问题，探讨解决这些问题的办法。他们首先强调民族性，维护传统服饰和宗教习俗，宣传非洲特性。在1914年议会选举中，塞内加尔青年组织选举，海关官员勃莱兹·迪亚涅成为法国议会中的第一位非洲人代表，标志着非洲人在塞内加尔政治领导层首次有了席位。

第一次世界大战爆发后，法国政府颁布战争动员令，法国公民有应征入伍的义务，殖民地居民也不例外。1915年和1916年，迪亚涅领导了一个大范围的征兵运动，大批塞内加尔黑人走上前线，为法国的利益而战。此次运动在西非共征募18.1万人，1917年仅在索姆河前线就有31个塞内加尔营队。作为交换条件，法国政府允诺将根据出生地而不是肤色决定公民权，四个自治市的公民可获得永久法国公民权。

法国议会后来的黑人代表加兰多·迪乌夫继续同殖民当局密切合作。在这种情况下，反对派开始出现，代表人物是塞内加尔第一位黑人律师和塞内加尔社会党的创始人拉明·盖耶。他曾在1914年支持迪亚涅竞选法国议会议员。此时，"塞内加尔青年"改名为"塞内加尔青年共和联盟"。盖耶利用该组织主张保持非洲传统、尊重穆斯林宗教习俗的同时，尽可能在殖民体制下多为黑人谋利，要求多一点正义，多一点平等。

20世纪30年代是塞内加尔历史上一个困难和动荡的时期，旱灾和大萧条使世界花生产量和价格骤然下降。由于花生价格远低于大萧条之前，农民的生活水平持续恶化。在此期间出现的社会主义思潮对知识分子极具吸引力。非洲知识分子认为资本主义是殖民主义的根源,也是世界大战的根源,应为经济大萧条、大崩溃负责。

1927年,拉明·盖耶创立了社会党,1937年该党成为工人国际法国支部(法国社会党前身)的一个分支。他为社会党明确了方针,指出:社会主义意味着越来越公平和正义。他的社会主义主张首先是争取改善当地人民的生活条件。他充分利用这一时期宽松的政治氛围,在内地组织社会党,鼓励受过西方教育的非洲人在塞内加尔政治中发挥更大的作用。

二 反法西斯战争与塞内加尔

第二次世界大战爆发,法国再次要求塞内加尔和其他非洲殖民地为法国作战提供人力和物力支持。早在20世纪20年代,法国就规定其军队的士兵必须有三分之一是殖民地居民。故第二次世界大战爆发后,法国军队补充了许多非洲士兵,从塞内加尔调入约6万人。著名诗人、后成为民族主义运动领导人和塞内加尔首任共和国总统的桑戈尔在1939年入伍。1940年6月,巴黎沦陷。根据停战协定,德国控制下的法国维希政府要支持德国法西斯的战争,法属西非殖民地要提供原料和粮食。这些物资大多是从达喀尔出口,这种活动持续到1942年。

塞内加尔最初被维希政府控制。希特勒曾经计划修建从圣路易到地中海穿越撒哈拉的铁路。1942年,英美盟军在东北非和北非取得胜利后,包括塞内加尔在内的法属西非都由戴高乐领导的自由法国运动接管。

第二次世界大战期间,有很多塞内加尔士兵应征加入反法西斯战争的队伍。1940—1941年,自由法国第一师在厄立特里亚参加对意大利军队的战斗,解放了埃塞俄比亚,第一师中就有不少塞内加尔士兵。1942年,自由法国部队约10万人编入英美大兵团作战,解放北非,这支军队中也有许多塞内加尔士兵。盟军占领马达加斯加,派出了叙利亚远征军,其中包括几个营的塞内加尔步兵。1943年12月,塞内加尔士兵又随法国军团参

加了意大利战役。1944年，法国第一军与盟军一起登陆法国本土，法军中半数士兵是非洲人，非洲人中以塞内加尔人最多，故非洲人兵团通常被称为"塞内加尔军团"。塞内加尔士兵参加了解放法国的多次战役，还有数十万塞内加尔人充当劳工为军队服务。

1941年，维希傀儡政府统治塞内加尔时曾设立军事法庭，颁布"特别法"（又称"非洲土著刑法"），任意逮捕或处决当地人，强迫塞内加尔人服劳役。身为律师的拉明·盖耶经常为以各种罪名受审的塞内加尔人出庭辩护。1942年12月，法属西非虽宣布归属戴高乐领导的自由法国，但维希政府的贝当分子并未立即下台。为此，盖耶于1943年末以全体塞内加尔人的名义上书戴高乐将军，要求结束种族歧视政策。1944年，在离达喀尔仅几公里的第阿若耶兵营中，从前线归来的塞内加尔士兵由于拒绝领取减半的军饷而遭到残酷镇压，死伤无数。这一历史事件后来被塞内加尔导演、"非洲电影之父"奥斯曼·森贝拍成电影《第阿若耶营地》。事后，军事法庭还按情节轻重对反抗者处以严刑，拉明·盖耶出庭为他们进行了辩护。

第二次世界大战期间，法属非洲殖民地国家为法国抵抗运动提供了人力和物力上的巨大支持，法国新当权者不得不在殖民政策上做出必要的让步。与此同时，拉明·盖耶对塞内加尔社会主义联盟进行了改组，力求使其具有同宗主国政党相同的地位。1945年4月，他正式公开政党纲领，要求实现政治平等。他指出这种要求只是一种公正的补偿，既然塞内加尔人帮助法国得到解放，法国就应该帮助塞内加尔获得自由享受政治平等的权利。

1944年末，戴高乐将军在布拉柴维尔召开法属殖民地总督会议，讨论法属非洲殖民地的未来。此次会议通过了《布拉柴维尔宣言》和《关于殖民地政治结构的决议》，强调允许各领地内部自治，扩大土著普选权，允许土著居民参加制宪会议和建立海外领地议会；在殖民地行政机构中扩大当地酋长的权利，在传统的政治机构中吸收土著担任政治领导人，发挥土著政治机构的作用；调整殖民地的行政机构。决议公布后一个月，自由法国临时政府提出增加殖民地在法国制宪议会中的席位。据此，1945年10

月 21 日，在第一届法国制宪议会选举中，法属撒哈拉以南非洲议会代表席位由 1 个增至 9 个。

三　宪政改革与实现自治

为了争取参加 1945 年 10 月召开的制宪会议，非洲出现许多政治组织。它们团结在社会主义联盟的周围，以非洲集团的名义实现了统一。在非洲集团提出的参加大选的候选人名单中，有两名塞内加尔人，一个是拉明·盖耶，另一个是他推荐的政坛新人列奥波尔德·塞达·桑戈尔——后来的塞内加尔共和国开国总统。他们主张"努力在宗主国，特别是在非洲，开创一个具有社会主义精神的民主局面，以实现名副其实的经济民主、社会民主和政治民主"。

两人都进入了制宪议会。拉明·盖耶当选为国民议会秘书，成为议会中撒哈拉沙漠以南地区议员的喉舌；桑戈尔则在议会中严厉抨击法国在殖民地实行的强迫劳动制度，要求废除这种制度。1946 年，法国实施宪政改革，对非洲领地的政策才真正得到调整。是年颁布的法兰西第四共和国宪法宣布成立"法兰西联邦"，取代"法兰西帝国"。联邦包括法国本土及法国各个海外省、海外领地和原来的保护国。新宪法规定：法国尊重和保护土著上层的权利和利益，计划使海外人民享有自我管理以及民主管理自己事务的自由；摒弃建立在专横基础上的殖民化制度。宪法还规定，殖民地改为海外领地，大总督改为高级专员，总督改为专员，吸收非洲人进入法国政府任职。

桑戈尔因不满拉明·盖耶的专断和对同化政策的支持，在 1948 年退出了非洲集团和法国社会党，建立了"塞内加尔民主集团"。1951 年，桑戈尔团结反对同化政策的广大农民，击败拉明·盖耶，成为塞内加尔民族解放运动的主要领导人。他以海外独立者组织为舞台，要求在法国和法属西非之间建立新的政治关系，使每个非洲地区都有自己的议会和行政机关。

1946年的殖民地宪政改革使塞内加尔的政治生活发生了很多变化，其中之一是选举权扩大到乡村人口，结束了塞内加尔政治以城市公民为主体的局面。桑戈尔领导的塞内加尔民主集团作为多数党出现在政坛，赢得了大多数杰出穆斯林领袖的支持，在四个自治市中也占有优势。另一个主要变化是马克思主义知识分子和大学生成为塞内加尔政治中的重要角色，他们更具民族主义和激进色彩，指责塞内加尔民主集团与社会党同法国联系过于紧密。但因缺少群众基础，他们常处于塞内加尔选举政治主流之外。

由于殖民地民族主义者要求独立的呼声日益高涨，1956年6月，法国政府被迫再次调整对殖民地的政策，制定了《海外领地根本法》。该法允许各殖民地设立领地议会和领地政府，建立半自治共和国，但政府首脑仍由法国总统任命的法兰西共和国代表担任。1957年初，根据法国《海外领地根本法》，塞内加尔获得"半自治共和国"地位。

此时，一些著名的马克思主义知识分子加入塞内加尔民主集团，桑戈尔和马马杜·迪阿（Mamadou Dia）领导的塞内加尔民主集团更名为塞内加尔人民集团。1957年3月，塞内加尔人民集团在领地选举中战胜了拉明·盖耶领导的塞内加尔社会行动党（由塞内加尔社会党改组而来），马马杜·迪阿领导了塞内加尔第一个领地政府。1958年，塞内加尔社会行动党与塞内加尔人民集团合并组成塞内加尔进步联盟。

四　走向独立的曲折进程

1958年5月，戴高乐将军再度执掌政权后，为法属非洲殖民地的未来提出了三个选择：一是与法国完全合并。二是建立法国主导的"法兰西共同体"。第五共和国宪法提出建立法兰西共同体的主张，规定在共同体内，各海外领地在经济和内政方面均享有自主权，可行使立法权和行政权，而外交和国防大权则仍掌握在法国手中，金融货币和中等以上教育也由法国管理，戴高乐倾向于这一选择。三是直接独立。后两个选择在塞内加尔和整个法属非洲引起了激烈的争论，受马克思主义影响的军人和学生以及塞内加尔进步联盟左翼主张直接独立，但是伊斯兰教隐士害怕激进主义者掌管政权并削弱其权力，所以反对直接独立。桑戈尔认为直接独立将失去伊斯兰教隐士的支持，并招致法国在经济上的报复，因此拒绝立即独立，赞同戴高乐总统的法国共同体计划，塞内加尔进步联盟决定选择在法兰西共同体内自治。一场激烈的争论之后，进步联盟分裂，左翼于1958年9月28日分离出去，组建成一个新的政党，且要求直接独立。

1958年9月，塞内加尔举行公民投票，结果97%的人选择了在共同体内自治；11月25日，塞内加尔成为法兰西共同体内的"自治共和国"，名为塞内加尔共和国，共和国享有某些自治权，但国防、外交、财政经济、司法、高等教育及对外运输和通信联络等权力由共同体掌握。1959年1月，塞内加尔进步联盟挫败一场由马克思主义激进派领导的总罢工，巩固了自己的地位。同年3月22日，桑戈尔领导的塞内加尔进步联盟在国民议会选举中获得83%的选票，获得议会全部80个议席，从而成为执政党。

1958年，法属几内亚不顾法国的经济报复，勇敢地选择了直接独立，这一事件宣告法国战后在撒哈拉沙漠以南地区殖民政策的失败。法国因此不得不审时度势，进一步做出政治让步。几内亚的行动也直接提振了塞内加尔人要求完全独立的信心。1959年4月4日，塞内加尔与法属苏丹（今马里共和国）结成马里联邦。法国起初拒不承认马里联邦，后于10月10日在圣路易举行的法兰西共同体会议上，戴高乐表示承认马里联邦。在民族独立浪潮的推动下，1960年初，马里联邦与法国举行关于独立的谈判，最后迫使法国让步，允许马里联邦在共同体内部独立。1960年4月4日，双方在巴黎签署"权力移交"协定，塞内加尔后来将此日期定为独立日。同年6月20日，马里联邦宣告独立，但仍留在调整后的法兰西共同体内。

马里联邦独立后，桑戈尔不希望周边出现一个较大的邻国占统治地位，故希望马里联邦是一个松散的联盟，从而保证塞内加尔的政治自治和政党组织独立。由于两国政治领导人对未来联邦采取的形式和发展方向存在分歧，塞内加尔立法议会于1960年8月20日决定退出马里联邦，宣布成立独立的共和国。

　　1960年8月22日，议会通过了关于塞内加尔加入调整后的共同体的协定草案以及与法国合作的临时协定。塞内加尔加入法兰西共同体的协定规定，塞内加尔必须将国防、外交和财政经济方面的问题提交法兰西共同体行政委员会解决。合作协定规定，塞内加尔可以建立一支国防军，但其物资供应和装备及技术人员只能由法国控制。在国防军组建以前，仍由法兰西共同体军队担任防务。据此合作协定，达喀尔的军事基地由法国全权支配，法军可在塞内加尔领土上自由行动，战略物资和原料的处理必须通知法国，优先向法国出口，必要时限制或禁止对其他国家出口。塞内加尔可以向一些国家独立派出外交代表，在没有外交代表的国家可请法国代表其利益，外交政策必须同法国取得协调。塞内加尔继续留在法郎区和前法属西非国家的货币和关税联盟内，可以拥有自己的货币。8月25日，国民议会通过新宪法，桑戈尔为首任总统。1960年12月底，塞内加尔拥有了自己的宪法和在联合国的席位。

第四节　当代简史

一　桑戈尔执政时期（1960—1980年）

　　塞内加尔独立后，桑戈尔当选为共和国第一任总统。执政初期，桑戈尔的主要精力用于巩固塞内加尔进步联盟对国家的领导权和自己的领导地位。他与总理马马杜·迪阿之间的权力斗争使塞内加尔进步联盟和国家面临危机。1962 年，支持桑戈尔的军队逮捕了迪阿。迪阿被指控企图政变而受到审判，被判无期徒刑。此事件后，桑戈尔推动修改宪法，取消总理职务，将权力集中在总统手中。新宪法在 1963 年 3 月 3 日全民公投中获得通过，塞内加尔由此开始实行强有力的总统制。

此后 10 年，桑戈尔稳步推进改革，努力促进国家发展，他提出实现"民主社会主义"的主张，根据"民主社会主义"原则，主要进行政治民主化、经济计划化、农村村社化，倡导社会主义，实行对外开放和加强国际合作等。

这一时期，塞内加尔进步联盟拥有国民议会所有席位，在国家和地方选举中都没有出现反对党，塞内加尔实际上成为一党制国家。在 1968 年 2 月大选中，塞内加尔进步联盟没有任何政党与之竞争。尽管没有反对党的竞争，20 世纪 60 年代末，对于塞内加尔进步联盟和桑戈尔来说是多事之秋。1967 年，有人企图暗杀桑戈尔；1968 年 5 月，受法国"五月风暴"（学生罢课、工人罢工）的感染，塞内加尔的学生与行业工会联合举行示威游行，致使政府机构瘫痪。为了维持执政地位，桑戈尔一方面动用军队，另一方面争取各伊斯兰教派的支持。最后，政府做出让步，满足了学生、工人和商人的要求，平息了学生罢课和行业工会的罢工，维持了国家稳定。

鉴于党内有人提出专家治国，桑戈尔在 1970 年修改宪法，恢复了总理职位，任命自己的得意门生阿卜杜·迪乌夫为总理。1973 年 2 月 28 日，桑戈尔和塞内加尔进步联盟再次在没有受到反对的情况下赢得大选。随着政治压力的缓解，桑戈尔政府的立场有所软化。1974 年 4 月，他批准释放迪阿和其他主要政治犯，以表示政府希望和解的诚意。几个月后，阿卜杜拉耶·瓦德领导的塞内加尔民主党重组，成为第一个合法的反对党。1975 年，曾被宣布非法的非洲独立党领导人马杰姆·迪奥普（Majhemout Diop）在被流放 15 年后回国。诸如此类的政治民主化方面的成就对稳定政局和活跃政治空气起到了一定的积极作用。

鉴于绝大多数国民是穆斯林，身为天主教徒的桑戈尔十分重视同伊斯兰教领导人建立亲密友好的关系。他经常参加伊斯兰教的节日活动，在总统府接见宗教领袖或他们的特使，甚至定期去宗教圣地拜见大哈里发。在制定各项政策时，他尽量考虑到宗教各派的利益，征求伊斯兰教领导人对政府重大政策的意见，在得不到他们首肯之前不轻举妄动，因此深得他们的信任与支持。由于桑戈尔能够团结全国大多数人，所以塞内加尔政局一直比较稳定。

在经济方面，1964年颁布了土地国有化法令，1972年通过了"村社法"，接着又开展了"合作化"运动，努力使塞内加尔恢复撒哈拉沙漠以南地区原有的土地所有制和管理办法，从而恢复受殖民主义破坏而中断的古老的"社会主义"传统；在工商业主要经济部门建立了国营、私营和合营等多种所有制形式，既活跃了经济，又改变了独立前经济被完全操纵在宗主国手里的局面，使殖民主义时期遗留下的畸形经济结构有所改善。

自1976年起，塞内加尔的政治氛围进一步向有竞争的多党制发展。1976年4月修订宪法后，有三个反对党被允许合法存在。同年12月，塞内加尔进步联盟改名为塞内加尔社会党。1978年2月26日，在总统选举和立法选举中，塞内加尔社会党再次获胜。1979年再次修订宪法，给予第四个政党塞内加尔共和运动（Le Mouvement Republican Senegalais，MRS）合法的地位。

为了维护社会稳定，桑戈尔采取与各方妥协的策略，没有对社会经济结构进行根本的改造。在农业方面，肥沃的土地依然掌握在有社会地位和经济实力的宗教人士手中，伊斯兰教派对农民全面控制的局面没有改变。全国各大宗教团体的寺院在农村继续以各种形式对农民进行盘剥，严重束缚了农业生产的发展。在工商业领域，由于民族经济基础十分薄弱，过于依赖与前宗主国的经济联系，资本和人员的"塞内加尔化"十分缓慢，经济命脉仍然掌控在外资手中。在工商业的主要经济部门中，法国资本仍占四分之三以上。

国家的政治稳定因日益严重的经济萧条而受到威胁,桑戈尔不得不将经济改革提上日程。1978年,桑戈尔制订了财政和经济复兴计划,要求提高农业、林业、牧业、渔业的发展速度,特别是争取早日实现粮食自给。为此,政府决定向农民发放种子,并降低农民贷款的利率,实行化肥价格补贴和提高农产品的收购价格。1980年,成立"全国农村供应公司",负责管理和分配种子以及向农村供应生产物资。

在促进政治民主化的过程中,桑戈尔也在为他最终离开政治舞台做准备。自从1970年重新恢复总理职位后,桑戈尔已选中阿卜杜·迪乌夫为其接班人,并精心培养。根据1976年4月修改的宪法,总理在总统去世或辞职时自动接任总统职务。1980年底,桑戈尔主动引退,迪乌夫自动接任总统。桑戈尔20年渐进式的民主改革为塞内加尔提供了和平、稳定、宽容和自由表达意见的政治环境,这在非洲国家中并不多见。他明智地选择了放弃政治权力的时间和方式,使后来激荡整个非洲大陆的民主化进程没有波及塞内加尔。

二 迪乌夫执政时期(1981—2000年)

迪乌夫接任总统之后,面对的是严峻的经济和政治形势。1980年,花生大幅度减产,工业指数比上年下降约17%,外贸赤字130亿非洲法郎,财政赤字190亿非洲法郎。迪乌夫政府精简国家机构,提拔有能力的青年官员,起用有专长的技术专业人才,继续实行计划经济,争取外资和外援,鼓励发展民族经济,大幅提高农产品收购价格,免除农民多年来积欠国家的200多亿非洲法郎债款。对外方面,坚持不结盟政策,谋求区域合作,继续与法国保持密切关系,与美国发展友好关系,扩大同伊斯兰国家的来往,与阿拉伯国家石油生产国积极发展经济合作关系。1981年,塞内加尔获得的外资比1980年多300亿非洲法郎。

由于采取了以上措施,塞内加尔经济情况有所好转:财政赤字从1981

年占国内生产总值的 20.5% 下降到 1982 年的 15%；国内生产总值增长率从 1981 年的 –1.5% 增长至 1982 年的 13.4%。1981 年 4 月，迪乌夫领导修改政党法，正式承认一切政党都可以取得合法的权利，取消了对政党数目和政党代表思潮的限制，缓和了执政党和反对党之间的矛盾。迪乌夫还召集全国教育界人士讨论教育问题。由于全国三分之二的人不会说法语，迪乌夫号召大家使用本国语言，扫除全国文盲。他还解除禁令，允许学校开设宗教课，赢得伊斯兰各教派的好评。他经常向各教派请教问题并极力争取各教派的支持，尤其是有政治和经济实力的穆里德教派。

1983 年 2 月，迪乌夫正式当选共和国总统。面对 8 个反对党的竞争，社会党保持明显优势，获得 120 个席位中的 111 个。迪乌夫重申坚持民主社会主义路线，同时表示继续进行政治和经济方面的整顿和改革。他首先整顿社会党，将反对变革的"元老派"排除出党的领导机构，同时开展反对贪污、反对非法致富活动。他还改组了军队领导机构，解除了三军参谋长的职务，加强总统府的军事指挥机构建设，设立全国机动宪兵司令部，以提高应对突发事件的能力。

在经济方面，1983 年在国企中实行"计划合同制"。如果继续亏损，塞内加尔政府将把企业交给私人经营。政府出台中小企业投资法，摸索保证私企发展的办法。迪乌夫明确其发展战略是在国家与私营部门之间重新分配经济责任，保证私企的发展。另外，政府实行全方位出口，突破以西欧经济共同体和法国为主要贸易伙伴的禁区，与美国的贸易有了较大的发展。经过上述努力，塞内加尔国内生产总值扭转了连年负增长的局面。

迪乌夫在国际政治舞台上也进行了卓有成效的活动，1985 年被选为非统组织（OAU）执行主席。在他的建议下，经过非统组织的一致努力，联合国先后召开了关于非洲经济形势和制裁南非的会议，促进了有关问题的讨论，得到了非洲国家的一致好评。

然而，1983 年 4 月，迪乌夫为强化个人权力，废除总理职位，恢复强有力的总统制，震惊了整个国家。1985 年 8 月，政府以未经批准为由，逮捕了领导反对种族隔离示威活动的瓦德和劳工党运动领导人阿卜杜拉耶·巴蒂利（Abdoulaye Bathily）。由于学生罢课和街头示威活动日益频繁，政府的镇压行为也日趋严厉。1987年4月发生警察罢工活动，起因是几个警察殴打囚犯致死被判刑。迪乌夫为此解散了警察部队，用宪兵取而代之。

1988年2月，迪乌夫再次当选总统。选举结束的第二天，青年走上达喀尔街头，指责选举舞弊，发生骚乱，示威者表示支持瓦德。迪乌夫再次逮捕了瓦德，宣布国家进入三个月的紧急状态，关闭大学，在达喀尔实行宵禁，以煽动暴乱和威胁国家安全罪审判瓦德。5月，瓦德被判刑一年，学生为此再次罢课，大学教授罢教，政府决定继续关闭大学。迪乌夫政权的合法性遭到质疑，引发严重的政治危机，反对党加强对迪乌夫的攻击，要求重新进行大选。1988年7月，社会党和11个反对党举行圆桌会议。由于迪乌夫和社会党拒绝接受反对党关于修改选举法和更多媒体介入的要求，圆桌会议以失败告终。

连年旱灾、通货膨胀和人口快速增长抵消了经济改革的成果，塞内加尔经济发展依然困难。为了应对严峻的局势，1991年，迪乌夫采取了一些措施，局势得以稳定，经济也得到发展。4月7日，塞内加尔出现独立后的第一个"多党联合政府"，塞内加尔民主党和塞内加尔独立劳动党两个反对党进入内阁。民主党总书记瓦德被任命为国务部长，职位仅次于总理。独立劳动党总书记阿马特·当索科（Amath Dansokho）被任命为城建和住房部长。尽管16个政党中只有2个反对党入阁，27名内阁成员中有5名反对党成员，但此举大大缓解了执政党与反对党之间的矛盾，改变了历届政府清一色社会党成员的局面。

政府还修改了选举法、新闻法，成立全国最高视听委员会，向反对党开放媒体。长期以来，塞内加尔的通讯社、报纸、电台、电视台均由执政的社会党控制。修改的选举法规定在总统选举中，要有反对党参与和监督，各政党都可以利用媒体宣传自己的纲领和主张。迪乌夫还声明，欢迎外国派观察员到塞内加尔监督大选。1991年，1000多名政治犯和刑事犯被释放。

经济上，政府提高花生收购价格，向农民提供各种农作物种子，免除农民债务，使农业出现丰收的喜人势头。同年，政府还降低了人民生活必需品粮、油、茶、咖啡和汽油、电力、水泥、电话费等的价格，缓解了百姓的不满情绪。另外，还加强了流通领域管理，塞内加尔成为西非地区通货膨胀率较低、物价相对稳定的国家之一。

然而，不稳定因素依然存在。首先是失业人数多。为落实世界银行和国际货币基金组织提出的结构调整计划，塞内加尔精简政府机构，裁减企业员工，两万名工人失去工作。同时，每年大约有20万从高校、中学、技校毕业的青年进入劳动力市场。庞大的失业人群是社会不稳定的重要因素。其次是外债负担沉重，国家财政赤字居高不下。

位于南部的卡萨芒斯是塞内加尔最富饶的地区，是旅游胜地，但分离主义活动破坏了这个地区的稳定。1991年，为缓和与卡萨芒斯分离主义者的矛盾，迪乌夫释放了355名分离主义分子，与卡萨芒斯民主力量运动签署了和平协议。然而，从1992年下半年起，卡萨芒斯民主力量运动恢复了武装斗争，不仅袭击军队和宪兵，还袭击村庄。百姓生命安全没有保证，没有游客，饭店、游乐场所被迫关闭，职工失业，国家旅游收入锐减，经济遭受沉重打击。

1992年10月，电厂工人罢工，造成全国断水断电，工厂被迫停工，城市居民没有饮用水，夜间一片漆黑，整个国家的经济社会生活处于瘫痪状态，损失严重。在与罢工者谈判未果的情况下，政府派军队进驻电厂，请法国专家抢修设备，恢复了城市供电供水。10月18日，在社会党与民主党矛盾加剧的背景下，包括瓦德在内的4名民主党内阁成员退出联合政府。

尽管迪乌夫1993年第三次当选总统，但投票结果显示他的支持率明显下降，瓦德的支持率大幅上升。对于第三个任期，迪乌夫做出承诺：使经济增长率达到6%，争取8%—10%，每年创造2万个就业岗位。由于粮食自给率只有65%左右，塞内加尔每年从国外进口大米、小米、玉米约50万吨，因此迪乌夫还提出实现粮食自给的目标。他强调发展中小企业，增加城市、农村供电，改善医疗卫生条件，开发矿业等。

1993年，塞内加尔经济形势相当严峻，国家财政恶化，财政赤字严重。到年底，国家应支付信贷、外债总额达1150亿非洲法郎，对内对外拖欠款高达1800亿非洲法郎。世界银行和国际货币基金组织中断了与塞内加尔的财政援助谈判，要求塞内加尔达到结构调整计划规定的指标，如国家工作人员工资不得超过规定的限额。塞内加尔政府为此不得不采取紧急措施，减少开支。1993年8月16日，政府宣布将采取减少开支的措施，以改善国家严重困难的财政状况。紧急措施的主要内容包括：从1993年9月开始，国家工作人员减薪、总统工资和补贴减少50%，部长、议员工资和补贴减少25%，6.6万公职人员工资减少15%；私营部门工作人员每月将一天的工资上缴国库；提高油价，增加印花税和增值税，取消减免税；国家关闭一些驻外机构和减少驻外人员。

紧急措施一出台，就遭到反对党和百姓的强烈反对。塞内加尔全国劳动者联合会、自治工会协调局，塞内加尔自由劳动者联盟和塞内加尔全国新闻职业工会四大工会组织的代表与总统谈判，要求取消或延期执行紧急措施，但遭到拒绝。迪乌夫表示，只有减薪才能改善国家财政，需要大家做出牺牲，共渡难关。否则，国家要裁减公职人员13200人，或让非洲法郎贬值，国家和人民付出的代价会更大。由于社会党在议会中占绝对多数，紧急财政措施法案在议会中顺利通过。

1994年，在新年致辞中，迪乌夫承认政府已无力还债，呼吁所有塞内加尔人团结起来一起努力克服危机。1月12日，非洲法郎贬值50%，物价随后上涨，进口商品价格几乎上涨一倍，生活必需品价格上涨30%—50%，药品涨价69%。非郎贬值引起国内各界的强烈不满。2月16日，由民主党等5个反对党组成的"塞民主力量协调局"在达喀尔举行集会，指责迪乌夫政权"践踏塞内加尔民主形象"。集会后，几百名群众涌上街头游行，抗议提高物价。政府出动保安部队、宪兵、警察阻止，示威者手持棍棒、锄头、匕首与警察冲突，5名警察和1名示威者死亡，数十人受伤。

许多汽车、商店、电话亭、加油站遭示威者打砸,达喀尔一片混乱,媒体称之为"达喀尔黑色星期三"。

事件发生的当天晚上,政府发表公报,谴责反对党煽动暴力,声称要严惩肇事者。当天警察逮捕了30多人,追查幕后策划者。骚乱后,瓦德被怀疑是这次事件的幕后主谋,被关押了5个半月。瓦德出狱后,联合其他反对党成立了反对党联盟。

1995年,面对经济和政治危机,为了避免再次发生抗议活动,迪乌夫寻求缓和与反对党的矛盾。他召见反对党领袖和工会负责人,邀请反对党代表进入政府,包括瓦德在内的民主党5名成员入阁。

1996年1月,迪乌夫宣布设立上议院作为另一个立法机关,作为地区化计划的一部分,地方政府机关将具有更广泛的代表性。1997年,社会党出现分裂,曾先后在迪乌夫政府任发展部长、教育部长、新闻部长、外交部长、国务部长兼内政部长等要职的吉博·卡被排挤出政府。与此同时,卡萨芒斯地区叛乱活动频繁发生,政府派兵大规模清剿,但收效甚微。1998年的议会选举之后,塞内加尔社会党、塞内加尔民主党和民主复兴党形成三足鼎立的局面。

2000年,塞内加尔再次迎来大选,各政党展开激烈角逐。由于国家社会经济状况不断恶化,迪乌夫的威望不断下降,渴望变革的塞内加尔选民在总统选举中将选票投给了瓦德。迪乌夫担任总统19年后下台,执政40年的社会党失去了执政党的身份。迪乌夫和平移交政权得到国际社会的普遍赞誉,这也反映了塞内加尔政党政治的成熟。

三 瓦德执政时期(2000—2012年)

瓦德总统执政期间,塞内加尔政局总体稳定。对内大力推进民主化进程,把增加就业、减贫作为首要目标;对外奉行全方位和不结盟政策,重视睦邻友好关系,积极主张维护非洲团结,推动非洲经济一体化和建立国际政治经济新秩序，继续与法国保持传统的"特殊关系"，加强与美国的关系。

在经过迪乌夫时代的结构调整之后，瓦德实行"以自由市场、开放模式和创造良好投资环境为特征的经济自由化政策"。2001年的立法选举，以民主党为核心、由40个政党组成的"变革"联盟获得压倒性胜利，赢得议会120个议席中的89个。瓦德主张举行和平谈判解决卡萨芒斯问题。2004年12月30日，瓦德政府与卡萨芒斯民主力量运动签署和平协议。这是他第一任期内的主要成就之一。

2007年，瓦德以55.9%的得票率在首轮选举中胜出，直接连任。在同年6月举行的国民议会选举中，瓦德的民主党赢得国民议会150个议席中的124个。由于自由经济增长的远大目标没有实现，较低和中等收入家庭的购买力不断下降，年轻人因对政治不抱有幻想而缺乏热情，第二任期内，瓦德政府面临许多困难。

四 萨勒执政时期（2012年起）

2012年，瓦德没有达到获得第三个任期的目标，反对党候选人麦基·萨勒当选塞内加尔共和国第四位总统。同年9月，通过的宪法修正案废除了参议院和副总统职位。2012年7月，萨勒总统领导的变革力量联盟在国民议会选举中赢得150个议席中的119个。2019年，萨勒成功连任，获得第二个任期。

萨勒就任总统后提出了"塞内加尔振兴计划"，计划的重点是发展基础设施。

萨勒执政以来，南部卡萨芒斯局势相对平静，萨勒承诺优先发展卡萨芒斯地区的经济，并接受非政府组织和冈比亚、几内亚比绍等邻国的帮助，共同探讨解决卡萨芒斯问题。

第五节 著名人物

一 哈吉·奥玛尔·塔尔（Haji Oumar Tall，1794—1864）

哈吉·奥玛尔·塔尔，19世纪塞内加尔—冈比亚地区最有影响的宗教领袖，反对法国殖民入侵的斗士。他出生于一个富尔贝族伊斯兰教家庭，从小接受伊斯兰教育。塔尔先后在北非、西非和阿拉伯地区游学15年之久，1820年到麦加朝圣，获得"哈吉"尊称。1848年，塔尔组建了一支图库洛尔人军队，对非穆斯林马林凯人发起了圣战，希望所有的人皈依伊斯兰教。1857年4月，塔尔攻打法国在梅迪勒的城堡，失败后转向东部内陆地区，征服尼日尔河流域的班巴拉王国（今马里境内）。1861年，占领班巴拉王国的首府塞古，翌年又攻占原马西纳王国的首府哈姆达拉耶，但在攻克廷巴克图时受阻。1864年，他在镇压马西纳贵族叛乱中遇刺身亡。在此期间，他领导了一系列反对传统王公贵族和法国殖民者的圣战，他的行动直接或间接地激励了一大批提加尼派伊斯兰教徒参加斗争。他的圣战足迹从南部的卡萨芒斯和几内亚的富塔贾隆到北部的塞内加尔河谷，东部穿过撒哈拉到尼日利亚的豪萨兰，建立了包括尼日尔河上游地区在内的图库洛尔帝国。塔尔作为一名抵抗殖民主义的斗士为塞内加尔人所铭记。

二 马巴·迪亚胡·巴（Maba Thiahou Ba，1809—1867）

马巴·迪亚胡·巴，反对法国殖民入侵的宗教领袖，生于冈比亚河北岸富塔贾隆的里普，后来到卡约尔的沃洛夫人国家学习，加入提加尼教派。大约 1840 年，他回故土讲授《古兰经》，同时进行抗法斗争的组织宣传工作。他每到一个家庭宣讲都要留下一本《古兰经》、一串念珠和一个剃刀。1861 年，马巴被推选为穆斯林军团的首领。他率军队遏制了法国的殖民扩张，并在南部的萨卢姆到冈比亚之间建立了一个政权，统治势力一度到达塞内加尔河北岸。1862—1864 年，马巴向沿海各地发起了伊斯兰教传教运动，促使沃洛夫人的卡约尔国王拉特·迪奥尔进行反法战争。但沿海的辛王国投靠法国并拒绝皈依伊斯兰教，马巴与其发生冲突。1867 年，马巴在冲突中牺牲。

三 拉明·盖耶（Lamin Gueye，1891—1968）

拉明·盖耶，塞内加尔著名的民族主义领袖，杰出的政治家。1891 年 9 月 20 日出生于圣路易的一个望族家庭。他 6 岁进入穆斯林学校接受启蒙教育，12 岁时进入教会学校接受西方教育。1907 年取得初级教育结业文凭后开始教员生涯，主张黑人享有同白人平等的受教育权，反对歧视黑人的分班制和按照宗主国学校的大纲教授黑人学生，后出任小学校长。1920 年取得法学学士学位。1921 年被任命为法属西非上诉法院及法庭辩护律师，同年获得巴黎大学法学院博士学位。1923 年在法国加入"工人国际"法国支部，1925 年 5 月当选为圣路易市市长，6 月成为殖民地议会议员。在 1929 年市长选举和 1930 年议会选举失败后，他感到自己需要进一步增强学识。因此，1929 年取得司法结业文凭，1933 年取得罗马法与法学史结业文凭。1932 年被任命为留尼汪的参事，并担任法学院的讲师。1936 年作为塞内加尔社会党主席代表该党参加立法选举，再次落选。后作为法官，被任命为非洲法委员会总推事。同时，力促塞内加尔社会党与工人国际法国支部合并为"法属西非洲社会主义联盟"，使该组织在法国两院联席会议中的席位上升。1938年，盖耶成为国民议会殖民委员会候补委员。第二次世界大战爆发后，盖耶反对维希傀儡政府在塞内加尔设立军事法庭，反对其颁布任意捕杀非洲居民的"特别法"和各种种族歧视法案。1943年，他以全体塞内加尔人的名义上书戴高乐将军，要求结束种族歧视政策。作为律师，他为因各种罪名受审的塞内加尔人辩护。

自1945年起，拉明·盖耶任达喀尔市市长16年之久。他为非洲妇女争取选举权，1945年当选为国民议会秘书。1946年5月，颁布了以他的名字命名的法令：法国殖民地的所有非洲人都享有完全的法国公民权。1946年末，他被任命为法国副国务委员。1952年，出任法国驻联合国社会经济委员会委员。1957年，将塞内加尔社会党改组为塞内加尔行动社会党。1958年，与桑戈尔再次联合成立塞内加尔进步联盟，担任政治首领，同时出任制宪协商委员会委员和法兰西共同体参议院副议长。之后，其政治态度迅速变化，他不再只要求在宗主国统治下的权利和义务的平等，而是主张立即实现独立。他以政治元老的身份致信戴高乐，提出马里联邦独立的要求。1958年8月，出任马里联邦议会议长。1962年12月，在总统桑戈尔和总理迪阿产生矛盾导致国家出现政治危机时，他支持桑戈尔，化解了危机，维护了国家的稳定。此后，他一直担任国民议会议长直到逝世。达喀尔万人空巷为他送葬，桑戈尔给予他极高的评价。

四 列奥波尔德·塞达·桑戈尔（Léopold Sédar Senghor, 1906—2001）

列奥波尔德·塞达·桑戈尔，塞内加尔共和国首任总统，非洲民族主义运动领导人，享有国际声誉的政治家，创立"人性"学说及"非洲民主社会主义"理论的著名学者，现代西非著名法语诗人。1906年10月9日，桑戈尔出生于辛—萨卢姆地区滨海小城若阿勒的一个富裕的谢列尔人家庭，父亲是花生种植园主兼商人。祖上是辛国王的姻亲，信奉天主教。他幼年在法国教会学校上学，1922年小学毕业后进入达喀尔利伯曼学院，成为一名神学院学生。1927年，他因抗议校方歧视黑人学生被禁止担任神职，随后转入达喀尔公立中学。1928年，他因成绩优异获得文学研究奖金，赴法国深造。1935年，他毕业于巴黎大学文学院，获得法国教员证书，成为有资格教授法语的第一位非洲黑人。他先后在图尔和巴黎的中学与大学任教，之后又成为取得法国文学博士学位的第一个黑人。1934年，他在巴黎参与创办刊物《黑人大学生》，提出"黑人性"，发起旨在肯定黑人价值的文化运动，故"黑人性"通常又被称作"黑人传统精神"。

1936年，他参加法国社会党，宣布自己是社会主义者。第二次世界大战爆发后，他于1939年应征入伍，作为二等兵先后在第23和第3殖民地步兵团服役。1940年被德军俘虏，在集中营曾参与组织抵抗纳粹的活动。1942年，他因健康原因获释后，参加了法国教育界全国阵线，利用教师身份参加抵抗运动，被授予法兰西同盟勋章。二战末期，他走上争取民族自决和独立的政治道路。

1945年，桑戈尔参加了"工人国际"法国支部，同年10月当选法国制宪议会和国民议会议员，任职长达14年。在议会中，他为废除法国在殖民地残酷实行的强迫劳动制度做出杰出的贡献。在此期间，他还担任法国政府国务秘书、办公厅主任、文化事务顾问、教育与司法顾问、共同体事务顾问等职，并多次代表法国参加联合国会议。1948年，他编辑出版了《黑人和马尔加什法语新诗选》一书，主张从非洲传统生活的源泉中汲取灵感，展示黑人的光荣历史和精神力量，强调黑人的尊严与文化。这标志着黑人性文化运动高潮的到来。1948—1958年，他在巴黎的法国国立海外高等学校任教授。1948年退出法国社会党，创建塞内加尔民主集团。1956年担任捷斯市市长。1958年，他创立塞内加尔进步联盟，反对法国同化政策，要求地方自治和平等权利。1959年出任马里联邦议会议长。1960年，塞内加尔退出联邦成为完全独立的共和国，桑戈尔成为塞内加尔首任总统，连续执政20年。1971年12月7日，塞内加尔与中国建交，1974年5月，桑戈尔总统访问中国。

在执政期间，桑戈尔致力于稳定政局和发展经济，同时保持与法国的密切关系。桑戈尔被选为社会党国际副主席，正式提出实现"民主社会主义"主张。桑戈尔从20世纪30年代就开始探索民主社会主义思想，该思想主要由黑人性、民主性、人道公正三种思想组成，即通过将先进的科学技术用于发展生产力以及实现社会正义，来建设扎根于非洲特性之中的民主社会主义，可用"生产力＋社会正义＋黑人性＝民主社会主义"的等式表示，目标是丰富文明、追求富裕。

桑戈尔的第四个总统任期应到1983年结束，但1980年12月31日，桑戈尔主动辞去共和国总统和社会党总书记职务，移居法国，继续从事文学研究与创作。1981年，他参加创立非洲社会党国际，被推选为非洲社会党国际主席。

桑戈尔一生致力于传播黑人文化和提高非洲的世界地位，早在1945年就出版诗集《影之歌》，1963年荣获国际诗歌大奖，被公认为非洲杰出诗人。他出版了《诗歌总集》和《自由》四部曲——《自由Ⅰ：黑人性与人道主义》（1964年）、《自由Ⅱ：民族与社会主义的非洲道路》（1971年）、《自由Ⅲ：黑人性与普遍的文明》（1977年）、《自由Ⅳ：社会主义与计划化》，内容涉及政治、美学、语言、艺术、诗歌、文学等各方面。他发表的重要文艺论文有《半个世纪以来黑人诗歌的贡献》《撒哈拉以南非洲的语言与诗歌》《撒哈拉以南非洲美学》等。由于其卓越的文学造诣，1983年6月2日，他荣获法兰西科学院院士称号，成为第一位入选的黑人院士。1984年7月，他当选联合国教科文组织和平教育奖评委会主席。此外，两次获得诺贝尔文学奖提名。

2001年12月20日，桑戈尔在法国诺曼底家中逝世，享年95岁。他的遗体被运回达喀尔，塞内加尔为他举行了国葬。桑戈尔的夫人科莱特·余贝尔（Golette Hubert）是法国诺曼底人，其父曾为法国驻乍得总督。

五　阿卜杜·迪乌夫（Abdou Diouf，1935— ）

阿卜杜·迪乌夫，塞内加尔共和国第二位总统、前社会党主席。1935年9月7日出生，信奉伊斯兰教。少年时代在圣路易市读书，1955年中学毕业后就读于达喀尔大学法学院。1958年赴巴黎大学攻读法学和政治学，同期还就读于法国国立侨民学校，1959年获学士学位。1960年进入政界，同年9月至11月任技术合作局长和计划部长。1961年加入塞内加尔进步联盟，先后担任该联盟行政副书记兼久尔贝勒行政区总书记、政治局委员、第一副总书记。1960—1961年任政府副秘书长，1961年6月至12月任国防部秘书长。1961年12月至1962年12月任辛—萨卢姆区行政长官。1962—1963年任外交部办公室主任。他因工作能力强、工作效率高而受到桑戈尔总统的赏识，于1964—1968年出任总统办公室秘书长。1968—1970年任计划和工业部部长，1970年2月，他35岁时担任总理。1978年2月任塞内加尔社会党副总书记，1981年起任总书记。1981年1月1日接替桑戈尔任总统，1983年2月当选总统，1988年和1993年连任总统。

在其执政期间，迪乌夫对内进一步开放民主，制定新经济政策；对外主张不结盟，建立国际政治经济新秩序，继续与法国保持"特殊关系"，大力发展与美国的关系。1982年，迪乌夫出任塞内加尔—冈比亚邦联总统，1984年7月访华，1985年被选为非统组织执行主席，1992年当选为伊斯兰会议组织执行主席，1997年成为法国海外科学院和法兰西科学院院士。2000年3月，迪乌夫承认在大选中失败，结束社会党40年的执政时代。

六 阿卜杜拉耶·瓦德（Abdoulaye Wade，1926— ）

阿卜杜拉耶·瓦德，塞内加尔共和国第三位总统，非洲经济问题专家，日内瓦"世界和平法权中心"非洲成员。1926年5月29日出生于塞内加尔圣路易市，信奉伊斯兰教。曾先后在法国贝臧松大学、第戎大学和格勒诺布尔大学学习，获得心理学、道德与社会学高等教育学习证书，获得法律学士学位，政治经济学、公法大学文凭及法律与经济学博士学位。1959年回国后从事律师工作，先后任教于达喀尔大学、巴黎第二大学和巴黎第一大学。1974年6月，他以法学专家的身份应邀为第十届非统会议主持起草非洲经济宣言和宪章。

瓦德早年曾加入塞内加尔社会党的前身塞内加尔进步联盟，1974年7月创建反对派民主党并任总书记。自1978年起，他作为民主党候选人多次参与总统选举，连续五次当选为国民议会议员。1988年总统大选后塞内加尔爆发动乱，瓦德被捕，被判刑一年，后被赦免。他于1991年和1995年两次参加迪乌夫领导的政府，但都中途退出。2000年3月，74岁的瓦德当选总统。他著述甚丰，主要有《西非经济：统一与发展》和《非洲的命运》等。瓦德曾于2006年6月访华，并于同年11月到北京出席中非合作论坛北京峰会。

七 麦基·萨勒（Macky Sall，1961— ）

麦基·萨勒，塞内加尔政治家，2012年4月起出任总统，2019年连任。萨勒出生于1961年12月11日，毕业于达喀尔大学地质系和法国石油学院，2000年4月至2001年5月任总统能源顾问、塞内加尔石油公司总经理。从2001年5月起进入政府，曾先后担任矿产、能源和水利部长以及国务部长兼内政部长等，其间于2002年当选法蒂克市市长。2004—2007年，任塞内加尔总理。

2008年以前,他属于民主党阵营。2007年瓦德连任,萨勒被任命为总理,2007年6月当选国民议会议长,2008年11月被罢免,随即宣布退出瓦德领导的民主党。同年12月,他与自己的支持者创建争取共和联盟。2012年3月在新一轮总统竞选中击败瓦德,成为塞内加尔共和国第四位总统。

思考题

1. 在法国对西非的殖民统治中,塞内加尔扮演了什么角色?
2. 第二次世界大战期间,塞内加尔发挥了怎样的作用?
3. 为何社会党执政40年后会丧失政权?

第三章 文学艺术

塞内加尔文学艺术是非洲大陆一颗璀璨的明珠,在非洲国家中处于领先地位。塞内加尔独立后,文化的发展在历届政府的政策中都占有重要地位。

塞内加尔开国总统、著名诗人桑戈尔曾说:"要把文化变成发展的先决条件和发展的最终目的。"2003年6月17日,瓦德总统为全国雕塑艺术博览会剪彩时承诺为文艺工作者创造最好的工作条件,政府计划修建一座"黑人文明博物馆",以实现桑戈尔的梦想。这座博物馆由中国援建,已于2016年1月竣工。

塞内加尔杰出的文化成就表现在文学、电影与戏剧、音乐与舞蹈、工艺美术等方面。

第一节 文学

塞内加尔文学分为传统文学和现代文学两种。传统文学又称口头文学,无文字记载,主要表现为代代相传的口述传承文化。题材涉及本民族始祖、伟大武士的传奇和史诗,关于家庭和民族起源的神话,解释社会风俗和自然现象(如火、雷、电、太阳、月亮和星星)的传说,警世寓言以及关于家庭生活、家务安排、道德和智慧的谚语与格言等。动物与植物往往被拟人化,因而成为故事的主角。这种口头文学存在于塞内加尔各民族,在东部和东南部卡萨芒斯地区流传最广。

一些塞内加尔作家担心口头文学随着时间的流逝而散佚,因此对其整理加工并发表,作家兼诗人比拉戈·迪奥普(Birago Diop,1906—1989)就是他们中的一员。1928年,迪奥普到法国接受高等教育,5年后返回非洲,长期在苏丹等地工作,1958年后曾任驻突尼斯大使。他编写了数本故事集:《阿马杜·库姆巴故事集》(1947年)、《阿马杜·库姆巴新故事集》(1958年)、《传说和谜语》(1963年)、《阿瓦故事集》(1977年)等。这些书都是作家根据童年时期在家乡曾听到的沃洛夫人的民间故事写成的。故事中的很多主人公是动物,如猴子、兔子等。通过这些动物故事和神话故事,他描绘了西非传统的社会生活,进而表现出民间艺人的机智和幽默。大部分故事有明显的道德教育意义。1964年,他获得了撒哈拉以南非洲文学大奖。

撒哈拉沙漠以南非洲的现代文学发展以法语地区最为繁荣,而法语地区中又以塞内加尔现代文学最为繁荣。独立以前,随着民族的觉醒,为了同西方殖民主义同化政策做斗争,在非洲的文学领域产生了维护民族文化的运动,既有理论倡导,又有大量作品。在民族解放运动中,诗歌作为战斗的号角发展最为迅速,成就最为突出,涌现了一大批优秀作家和作品。社会矛盾的不断激化,民族意识的迅速发展,使得小说特别是长篇小说在撒哈拉沙漠以南地区民族解放斗争时期的现代文学中占有重要地位,取得很大的成就,出现了一批在非洲乃至世界上具有影响力的作家和作品。这些作品细腻地反映出千姿百态、变化万千的社会生活。独立后国内出现新的社会关系和社会矛盾,使反映这些题材的短篇小说和戏剧活跃起来。

一　诗歌

塞内加尔开国总统桑戈尔不仅是政治家,也是非洲著名的诗人。他的诗歌以绚丽的浪漫主义色彩歌颂了民族传统,以锐利的笔锋揭露了殖民主义。他是现代撒哈拉以南非洲诗歌的奠基人之一,为推动撒哈拉以南非洲文学的发展做出了可贵的贡献。桑戈尔在学生时代就开始写诗。1948年,他编选出版的《黑人和马尔加什法语新诗选》体现了他的创作方向,标志着新非洲黑人文学的诞生。《影之歌》(1945年)和《黑色的祭品》(1948年)是他的诗歌代表作,后者描写集中营生活,反映黑人士兵的遭遇。其他诗

集有《埃塞俄比亚之歌》(1956年)、《夜曲集》(1961年)、《雨季的信札》、《风的哀歌》。后来，他出版了这6部诗集的合集《诗歌总集》。

桑戈尔的诗歌不仅内容丰富，充满爱国主义精神，而且努力继承非洲古代民族文化的精华，富于哲理性，形象复杂，色彩华美，诗句较长，节奏稳健，具有一种独特的非洲风格。因其在诗歌创作方面的伟大成就，桑戈尔获得1963年的国际诗歌大奖和1965年的诗歌功绩金奖。

大卫·迪奥普（David Diop，1927—1960）是塞内加尔20世纪50年代最有才华的诗人。他出生于法国的波尔多，长期侨居法国，但始终关心祖国的命运。在反对殖民主义斗争中，他回到非洲参加民族解放运动，并从事文化教育工作。其早期诗作《受不了呵，穷苦的黑人》影响很大。他是文学教授，在中学任教并担任校长。他只出版过一部诗集《槌击集》(1956年)。该诗集有17首诗，其中大部分诗歌猛烈抨击殖民主义制度，反映非洲人民争取自由解放的革命气概和必胜信念。他是非洲战斗诗歌的代表作家，继承了桑戈尔奠定的政治方向，擅长政治诗，具有强烈的革命性，也具有浓厚的浪漫主义色彩。

二 小说

1923年，民间故事作家马希拉·迪奥普（Macila Diop）的短篇小说《拯救之路》问世，它被认为是塞内加尔小说发展的起点。它是以不同种族通婚为主题的社会问题小说。1925年，他又发表了《被社会排斥的人》，描绘了知识分子在传统社会和殖民统治下所处的环境和地位。

1935年，奥斯曼·索塞·迪奥普（Ousmane Soceé Diop）因发表小说《卡兰》一举成名。他曾在巴黎学习兽医专业，毕业后回非洲行医。第二次世界大战后，开始从事新闻工作和政治活动。1960年塞内加尔独立后，出任驻美国大使。他富有文学天赋，在叙事和心理描写方面有独特的技能。评论界认为，从技艺方面讲，《卡兰》可称为塞内加尔第一部真正的小说。

1937 年，他又发表小说《巴黎的幻景》，生动再现了非洲青年去法国求学的辛酸经历。

20 世纪 30 年代，塞内加尔文学的民族主义和爱国主义倾向增强，并在五六十年代得以发扬光大。在选材方面，从过去主要反映日常生活习俗、传统与现代社会冲突等更多地转向抨击殖民主义，出现了"谴责文学"，产生了如奥斯曼·桑宾（Ousmane Sembene，1923—2007）这样的代表非洲人民向殖民主义提出控诉的著名作家。

桑宾是塞内加尔成就卓著的作家，为塞内加尔文学和电影增添了国际声誉。作为现实主义作家，他的作品深深扎根于生活的土壤，反映现实社会问题。他用法语和沃洛夫语写作，为人民大众服务。1958 年，作为塞内加尔代表出席第一届亚非国家作家会议，并在发言中指出：非洲新文学应该是民族的、积极的、人民大众的和有用的。他出生于渔民家庭，只读过 3 年书，先后做过机修工人、泥瓦匠和码头工人。1942 年应征入伍，1946 年复员回到达喀尔，后来赴法学习马克思主义理论，组织工人运动及其他各种社会活动，如反对朝鲜战争、反对法国与阿尔及利亚的战争和反对欧洲的反犹太主义运动等，成为法国总工会的积极分子。

桑宾的文学创作与他的生活经历密不可分。他的第一部长篇小说《黑色的码头工》（1956 年）就是根据他在马赛港口当码头工人的亲身经历写成的，小说控诉种族歧视和压迫。桑宾的第二部小说《塞内加尔的儿子》于 1957 年问世，显示出作家的现实主义创作才能。小说塑造了有觉悟的非洲青年知识分子乌马尔·法伊。为了使自己的同胞不再受殖民者开设的土产收购公司的剥削，乌马尔在第二次世界大战后退伍回到故乡，组织了一个合作农场自产自销农产品，因此同殖民当局发生了冲突。结局是他本人被殖民者残酷杀害，但他的牺牲唤醒了人民的觉悟。作者通过乌马尔这个艺术形象既讴歌了献身人民事业的非洲新一代知识分子，又呼吁人民团结起来，争取民族解放。

1960 年，在塞内加尔独立之际，桑宾发表了《神的儿女》，它反映的是1947年10月至1948年3月达喀尔—巴马科铁路工人反殖民主义的大罢工事件。桑宾把这一事件放在民族解放斗争的广阔背景中加以描写，表现了非洲工人阶级的觉醒和工人运动的蓬勃发展。作品真实地记录了罢工从开始酝酿到胜利结束的全过程，详细地描绘了非洲工人同殖民主义者艰苦、曲折的斗争，细致地刻画了罢工中人们生活、思想的种种变化，塑造了众多不同阶层人物活生生的形象。这部小说场面壮阔，具有史诗般的规模，在撒哈拉沙漠以南地区社会小说中占有重要地位，是他的代表作。

1962年，桑宾发表短篇小说集《上沃尔特人》，包括12个短篇，基本主题是伊斯兰教、一夫多妻制下的男女关系、工人斗争和流放法国。1963年发表的长篇小说《热风》描写的是1958年非洲人民就法属非洲的前途进行公民投票的历史事件。书中不仅反对殖民主义，也对非洲传统社会中迷信、落后的方面提出了尖锐的批评。1965年发表两部中篇小说《上沃尔特人》和《汇票》，反映了独立后塞内加尔面临的社会问题。前者描写乡村中的乱伦行为；后者描写主人公从法国工作的亲戚那里得到一张汇票，去邮局兑换汇票的悲喜剧。1966年，这两部中篇小说在达喀尔举行的黑人艺术节上获得文学大奖。

1973年，桑宾发表长篇小说《哈拉》，书中描写一个富有的商人娶了第三个妻子，并为她建立一个独立的家。作家描述了这个商人奢侈的生活方式、妻子们之间的嫉妒和不安。他做生意失败，妻子们相互争吵。在新婚之夜，他发现自己阳痿并感到丢脸。作家对独立后的资产阶级暴发户进行了辛辣的讽刺。

1981年，桑宾发表虚构政治小说《帝国最后一人》，叙述了一个非洲国家当80岁的总统神秘消失后，国家突然陷入6天的政治危机，第二代政治家腐败、操纵政局和搞两面派，总理不知道他是否应该根据宪法规定接管政权。作者揭露了政客们玩弄权术的嘴脸。

阿米纳塔·索乌—法勒（Aminata Sow-Fall，1941— ）被认为是塞内加尔和撒哈拉沙漠以南地区第一位女小说家。她中学毕业后赴巴黎学习文学，7年后回国任教，长期教授文学和编撰教科书。她是塞内加尔作家协会的主席，代表作品是1979年发表的《乞丐罢乞》。小说讲述了公共健康和卫生局局长梦想成为副总统，便奉献一头牛给当地乞丐，以增加成功的机会。不幸的是，他所在的部门组织清除运动已经使乞丐们都消失了。这部作品尖锐地讽刺了在当代非洲社会政治、阶级和宗教方面存在与此类似的做法。小说获得撒哈拉以南非洲文学大奖。1982年，她发表了《竞技场的召唤》，作品批评了学校无能和文化异化这两种现象。法勒把自己的作品比作有用的镜子，促进塞内加尔社会的转变。她不愿用一般妇女的观点，而愿用女公民的观点。

女作家玛瑞厄玛·巴（Mariema Ba，1929—1981）是非洲文坛上的一颗光彩夺目却一闪而过的流星，一生仅完成两部小说。1979年发表第一部长篇小说《悠悠长信》，1980年获得第一届非洲长篇小说诺玛奖。小说叙述了一个有教养的非洲妇女在生养了12个孩子后不得不与爱上了另一个年轻女人的丈夫离婚的故事，描写了女主人公痛苦的心路历程，谴责了一夫多妻制。这部作品在很大程度上是在作者亲身经历基础上写成的。尽管作者声称该部小说不是自传，但作者本人与主人公有着几乎同样的遭遇。她的第二部长篇小说《鲜红色的歌》发表于1981年，主要写异教通婚的悲剧，触及种族主义问题。她积极从事女权运动，并倡导在非洲建立民主政治。

作家谢克·卡纳（Cheikh Hamidou Kane，1928— ）自幼接受古兰经学校的教育，中学毕业后赴法国巴黎大学学习法律和文学。1959年回国后，曾任计划和合作部长，并在联合国教科文组织任职。1961年，他发表了一生中唯一的作品——自传体小说《模棱两可的冒险》，翌年获撒哈拉以南非洲文学大奖。这部作品描写了主人公经过严格的伊斯兰教育后本应成为当地的精神领袖，却被送到巴黎一所大学学习。他感到自己被年轻时信仰的伊斯兰教和乍看之下似乎更有感染力的欧洲文化撕裂，以致回国后无法适应原来的社会，被一个"疯子"杀死。由此，作者尖锐地提出了非洲人无时无刻不在苦恼的一个问题，即如何对待欧洲白人带来的物质文明。接受西方教育，学到的能否胜过忘掉的？这部小说被公认为是非洲最重要的哲学小说之一。

作家阿卜杜拉耶·萨吉（Abdoulaye Sadji，1900—1961）先后就读于古兰经学校和法语学校，19岁开始担任小学教员，曾赴法国进修。他的作品的主人公都是幼稚的、充满幻想的女性，因为受到欧洲文明的严重影响而产生脱离实际的幻想，从而不幸堕落。他的第一部长篇小说《塞内加尔的混血姑娘妮妮》（1954年）讲述的是一个道德故事。棕发蓝眼的姑娘妮妮渴望融入欧洲白人社会，即使这意味着她会失去她的非洲家庭和她的根也在所不惜。他的小说《玛伊慕娜》（1958年）讲述的也是一个道德故事，但更具悲剧色彩。主人公是一个美丽的农村姑娘，她离开妈妈，离开农村，去达喀尔找她的姐姐。在那里，她怀孕了，不光彩地回到农村，又不幸感染上天花。她虽然活了下来，但损坏了容貌，也失去了孩子。萨吉还和桑戈尔合写了一个童话故事《兔子娄克》，并著有论文《非洲的教育和文明》。

三 "黑人性"文化运动

"黑人性"文化运动产生于两次世界大战期间。Négritude 是法语词汇，可译为"黑人性"或"黑人传统精神"，出自马提尼克岛黑人诗人和作家艾梅·塞泽尔（Aimé Césaire）发表在《黑人大学生》杂志上的长诗《还乡笔记》。1934年，桑戈尔与圭亚那作家莱昂·达马和艾梅·塞泽尔在巴黎创办了刊物《黑人大学生》，标志着提倡黑人价值的"黑人性"文化运动的开启。桑戈尔将"黑人性"文化定义为："黑人世界的文化价值的总和，正如这些价值在黑人的作品、制度、生活中表现的那样。""黑人性"文化运动汇集了讲法语的黑人作家，这个运动与反殖民主义密切相关，影响了许多黑人民族主义者，远远超出了法语世界。

"黑人性"一词等同于黑人传统精神，涵盖了黑人的所有特征和文化价值观，法国作家萨特将"黑人性"定义为"对黑人的否定的否定"。"黑人性"运动演绎成一场挖掘黑人的传统和文化价值并积极弘扬黑人传统精神的运动。1948年，桑戈尔编选的《黑人和马尔加什法语新诗选》出版，标志着"黑人性"文化运动高潮的到来。该运动从非洲传统生活的源泉中汲取灵感和主题，展示黑人的光荣历史和精神力量，强调黑人的尊严与文化。桑戈尔有句名言："捡起撒哈拉以南非洲文明这颗敲不碎的硬果作为武器来捍卫黑人个性。"

桑戈尔认为"黑人性"本身也包含对外开放和融合。他说："每个种族应该以它自己的方式进行融合。每个人应该植根于自己所属的种族、大陆和民族的价值之中，这才能使自己存在，然后再向别的大陆、种族和民族开放，以便发展和繁荣。总而言之，为了合作，必须存在；为了更好地存在，必须向别人开放。"

第二节 电影与戏剧

一 电影

塞内加尔电影在非洲大陆电影事业中占有举足轻重的地位，其真正的发展是在独立之后。塞内加尔官方电影事业管理机构为塞内加尔电影局，成立于1972年，原名为"国家电影局"。1986年，电影局划归通信部，职责是监督与促进电影事业的发展，制定有关电影的法律政策和税收条例，协调电影企业的工作。塞内加尔电影进出口经营公司成立于1974年，主要职责是进出口影片，一年经营约1200部影片。全国绝大部分影院也归这家公司所有。1983年，塞内加尔新电影制作公司成立，主要负责摄制影片、制作广告片、与国外合拍影片、制作录像等，也负责电影交流活动。

政府对电影审查严格，影片通过审查后方可投放市场。负责审批电影的机构是塞内加尔电影审查委员会，全称是"塞内加尔总统府电影审查委员会"。委员会由总统府秘书长、文化部部长、通信部部长、教育部部长、内务部部长、外交部部长、青体部部长、社会发展部部长代表和司法部法官、宗教界代表以及电影进出口发行公司代表组成。委员会负责查禁直接或间接上演渲染吸毒、暴力和色情的影片。对于某些删剪困难的电影，则限制观众年龄。凡有损国家形象和民族情感或第三国形象的影片禁止放映。

保兰·维埃拉（Paulin Soumanou Vieyra）是非洲电影的权威，他出生于贝宁，但自10岁起在塞内加尔生活并拍摄了大量关于塞内加尔的影片。1961年，他在达喀尔拍了一部优美的带故事性的纪录片《一个人、一个理想、一种生活》，纪录片叙述了塞内加尔的独立斗争。这是塞内加尔电影真正诞生的标志。之后，他又拍了一部有趣的故事片《恩狄戎甘》。在桑戈尔总统的侄子布莱兹·桑戈尔的鼓励下，他拍摄了第一部法国与塞内加尔合制的长片《自由第一》。影片介绍了塞内加尔独立后黑人领导阶层的出色表现。

塞内加尔最杰出的电影导演是桑宾。他于1960年返回祖国开始从事电影工作，创立了"泛非电影工作者协会"，自编自导，在非洲乃至国际影坛享有盛誉。他的作品多是批判殖民主义和针砭社会时弊。他编导的主要作品有《马车夫》，影片叙述了贫苦马车夫在达喀尔街头一天的生活。他拍摄的短片《尼亚耶》（1965年），通过描写滨海村庄的生活批判社会。他拍摄了一部有争议的长片《黑女仆》（1966年），影片讲述了一个在法国的塞内加尔女仆，因被割断与家乡的一切联系感到窒息，选择自杀的故事。桑宾的作品还有《曼达比》（或《汇款单》，1968年）、《艾米塔伊》（或《雷神》，1971年）、《哈拉》（或《诅咒》，1974年）、《赛多》（1976年）、《提阿罗耶军营》（1988年）、《法阿特·吉恩耶》（2002年）和《览拉德》（或《割礼》，2004年）。

自 20 世纪 90 年代以来，塞内加尔电影事业开始受挫，大部分有价值的作品需要得到外国的资助才能拍摄并经常被删改。此外，观众民族语言众多，文化背景、宗教信仰各异，很难生产一部在全国范围成功的影片。20 世纪 90 年代后期，一些塞内加尔影片出现在国际电影节上。1998 年威尼斯电影节上放映了盖耶·拉玛卡（Gaye Ramaka）执导的影片《也许是这样》。在 2001 年米兰非洲电影节上，曼索尔·索拉（Mansour Sora）执导的故事片《宽恕的代价》（*Le Prix du Pardon*）获得大奖。

二 戏剧

塞内加尔有一流的剧团、剧作家、剧本，最著名的剧团是国家戏剧团（Troupe Dramatique National），演出的剧目主题涉及欧洲、现代塞内加尔和塞内加尔历史。演员多为格里奥人，在传统社会，格里奥人是唯一被允许以音乐和说唱的形式在公众面前表演的人。西非世代相传口头文学家、艺术家和琴师被称为格里奥人，这个群体是在没有文字的背景下出现的，因此被称为口头文学的宝库。格里奥家庭或善讲历史故事，或善演讲，或善歌唱，以传颂开国英雄和伟人事迹为主。1998 年，塞内加尔国家戏剧团演出了反映早期天主教传教士活动的剧目《埃米利·德·维尔纳夫》（*Emilie de Villeneuve*）和反映抵抗法国殖民统治的沃洛夫国王拉特·卓尔的传奇剧目《拉特·卓尔》（*Lat Joor*）。

谢赫·阿里奥·恩达奥（Cheikh Aliou Ndao）是塞内加尔的著名剧作家。1967 年，他因创作非洲人反抗外来侵略者的历史剧《阿尔布里的流亡》一举成名，该剧获得 1969 年阿尔及尔泛非戏剧节一等奖。他的其他剧作还有《决定》（1967 年）、《阿尔马米之子》（1973 年）、《巴伊拉岛》（1975 年）和《血浸王位》（1983 年）等。

丹尼·索拉诺国家剧院（Theatre National Daniel Sorano）是塞内加尔最著名的剧院，也是塞内加尔最受尊重的艺术家们聚集的地方。剧院是在总统桑戈尔的支持下由他的侄子索纳·桑戈尔（Maurice Sonar Senghor）于1965年创建的。索纳·桑戈尔是演员、作家、导演、塞内加尔芭蕾舞团的创始人，他领导丹妮·索拉诺国家剧院20多年。国家著名的乐器演奏家和歌手几乎都在这里演出过，一些人也因在此地演出而成名。该剧院还是三大国家演出剧团林古埃拉国家舞蹈团（Ballet Linguere）、里瑞克传统乐器演奏团（Ensemble Lyrique Traditional）和国家戏剧团的大本营。

第三节 音乐与舞蹈

音乐和舞蹈是塞内加尔人精神生活、社会和经济生活的重要组成部分。塞内加尔素有"非洲音乐的圣地"之称，较其他非洲国家有更丰富的音乐和舞蹈遗产。塞内加尔各民族都有自己喜爱和创作的音乐，而且产生了许多蜚声国际的乐队和歌手。他们将现代流行的音乐元素与非洲传统的乐器、节奏组合在一起，创造了新型音乐。在乡村地区表演传统舞蹈仍然是最普遍的娱乐方式。政府通过建立国家级的塞内加尔舞蹈团和组织地区级剧团以及比赛，对传统塞内加尔音乐和舞蹈进行保护。

一 音乐

音乐在塞内加尔的文化中占有重要地位。塞内加尔传统音乐的特点是粗犷，最常使用葫芦、牛角、贝壳或皮革制成的乐器。

尤苏·恩杜尔（Youssou N'Dour）是国际上享有盛誉的杰出的塞内加尔歌星。1959年，他出生于达喀尔一个贫穷的格里奥家庭。自孩提时代起，他就在居民集会上表演唱歌，12岁开始专业演唱生涯，到15岁时经常在塞内加尔当时最成功的乐团演唱。1979 年，他创立了自己的演唱组达喀尔之星（Etoile de Dakar），两年后改名为达喀尔超级之星（Super Etoile de Dakar）。达喀尔超级之星成为非洲最著名的演唱组，创造了现代非洲流行音乐风格。

20 世纪 80 年代，尤苏·恩杜尔跃上世界舞台。他的声音被誉为"举世最佳的声音"，可以展示惊人的 4—5 个八度的音域。除了绝佳的嗓音受到国际乐迷的关注外，他还是世界合成流行音乐的主要表演者。他把非洲传统音乐和塞内加尔音乐"姆巴拉克斯"（Mballax）风格融入爵士乐和摇滚乐，把现代的录音技术与非洲音乐和节奏相结合。

"姆巴拉克斯"风格是传统的格里奥打击音乐与赞美吟唱同非洲—古巴风格相结合的产物。20 世纪 70 年代，这种风格融入了塞内加尔土著舞蹈的节奏、宽广旋律的吉他和萨克斯管独奏、不停地低语独白和偶尔的伊斯兰赞美诗，形成一种新的风格。1989 年，恩杜尔为国家足球队写过一首歌，歌曲以该队队名"雄狮"命名，后来"雄狮"成为他的唱片集的题名，流传甚广。他在英国同出版商筹备出版新歌集时，足球再次启发了他的灵感。他开始创作《群星闪耀》，并在曲调上融入了非洲歌曲的韵味。这首歌成为 1998 年在法国举办的世界杯赛主题歌，由他和欧洲女歌星阿克塞拉·瑞德共同演唱，为塞内加尔赢得了世界荣誉。他发行的唱片有《移民》《方向》《雄狮》《睁开眼睛》《卓科》《没有什么是徒劳的》。

尤苏·恩杜尔还是国际活动家，他积极参加国际红十字会、新千年庆祝取消第三世界债务委员会、联合国反地雷运动等活动。他用自己的歌声服务于社会，1999 年参加了塞内加尔电视粮食集资音乐会，录制了支持联合国粮农组织的讲话，参加了宣传该组织的电视节目。在几大国际新闻网络的采访中，他大力宣传粮农组织。2000 年 11 月，他被任命为粮农组织大使。在接受任命时，他说："我衷心支持粮农组织世界反饥饿运动。这一任命不仅是我个人的荣誉，也是全非洲的荣誉。它进一步坚定了我与粮农组织一起为所有遭受饥饿和营养不良的人们工作的决心。"

巴巴·马尔（Baaba Maal）是塞内加尔超级歌星。1953年，他出生在塞内加尔河畔的一个渔村，自幼学习了非洲传统音乐，又听过不少美国的布鲁斯和爵士乐。后在达喀尔大学学习音乐，在巴黎获得音乐硕士学位。他在达喀尔认识了吉他手曼苏尔·塞克（Mansour Seck），两人组成拉斯利·富塔（Lasli Fouta）演唱组，1984年在巴黎录制了专辑《迪昂·勒利》（*Djam Leeli*）。他们再次回到塞内加尔后，组建了新的演唱组当德·勒诺尔（Daande Lenol），意思是民族之声，开始融入一些流行音乐元素。1998年发行的《流浪者之魂》（*Nomad Soul*）是其最国际化的作品，在那之后，他发行了一系列唱片。

伊斯梅尔·罗（Ismael Lo）是塞内加尔著名的音乐家和演员。1956年，他出生于尼日尔的一个穆斯林家庭，父亲是尼日尔人，母亲是塞内加尔人。他早年生活在尼日尔时就十分喜欢音乐，有一把自制的单弦吉他。他从收音机里学习音乐，最初只是出于爱好，直到他的一位开俱乐部的兄长要他在当地的一个电视节目里演奏。1979年，他加入了超级钻石乐队（Super Diamano），演奏吉他的同时开始写歌，很快成为乐队的重要成员，不久后成为第二主唱歌手和节奏吉他手。后来，回到塞内加尔，开始录制个人专辑。为了弘扬塞内加尔本土音乐，伊斯梅尔成立了一个12人组乐队。乐队成员全都是演奏民间乐器的"高手"，用萨巴尔鼓（C Sabar）和与竖琴极为相像的科拉琴（Kora），以及各种吉他为观众献上精彩的演出。伊斯梅尔·罗用歌声描述非洲人民的真实生活，描述贫穷、饥荒、种族主义和人与人之间的关系，鼓励饱受苦难的人们振作起来。独特的创作及平易近人的演唱风格使他迅速走红。他创作的歌曲节奏明快，意义深刻，在非洲大陆脍炙人口。他非凡的吉他加口琴的演奏技艺，加之深具社会意义的歌词，使其被称为"塞内加尔的鲍勃·迪伦"。

猴面包树乐队（Orchestre Baobab）是塞内加尔元老级的非洲拉丁派乐队。猴面包树乐队诞生于1970年，后来进入长期休整，2000年复出，在国际乐坛重新获得成功。乐队的作品吸收了拉丁节奏、塞内加尔本土歌曲、撒哈拉以南非洲或马格里布传统旋律、爵士乐的因素。至1985年录制了15张专辑，1987年解散。新千年，猴面包树乐队重组出山，2002年至2017年录制了5张专辑。

里瑞克传统乐器演奏团是塞内加尔国家级声乐和乐器演出团体。大多数歌唱演员是女性，乐器演奏员是男性，几乎所有演员均是格里奥人。所有乐器均为传统乐器，不同地区的各种乐器组合共同演奏。该组合的历史非常辉煌，杰出的演奏家有哈拉姆琴（Xalam）演奏家萨姆巴·迪亚巴雷·萨姆布（Samba Diabare Samb）、阿卜杜拉耶·索赛（Abdoulaye Soce）、阿卜杜拉耶·纳尔·萨姆布（Abdoulaye Nar Samb），科拉琴演奏家逊迪尤鲁·西索科（Sundiulu Cissokho），巴拉风琴演奏家巴纳·卡诺特（Bana Kanote）等。

塞内加尔国立音乐舞蹈戏剧艺术学院（Conservatoire National de Musique, de Danse et d'Art Dramatique）成立于1948年，原为音乐学院，1978年改为音乐舞蹈戏剧艺术学院。

塞内加尔传统民族乐器主要有科拉琴、哈拉姆琴、詹巴鼓、萨巴尔鼓和塔玛鼓。科拉琴是有21根弦竖琴拨弦的乐器，是塞内加尔最传统的乐器之一。哈拉姆琴是塞内加尔最常见的弦乐器，被称为"塞内加尔吉他"。沃洛夫、谢列尔、曼丁哥、马林凯、富尔贝和图库洛尔等多个民族的艺人都用这种琴演奏，故在制作、演奏风格和表演节目上存在巨大的地区差异。哈拉姆琴主要用作独奏乐器或者为歌曲伴奏。詹巴鼓（Jembe）或许是为全世界最熟知的西非乐器，塞内加尔是其发源地之一。

萨巴尔鼓是塞内加尔最普遍的乐器，由坚硬的桃花心木雕成，鼓顶部用鬼头装饰。在家庭聚会、天主教堂活动、政治集会、伊斯兰教活动和市场上，都能听到萨巴尔鼓的声音。许多塞内加尔人认为，一个场合如果没有萨巴尔鼓，就不会有人参加那里的活动。萨巴尔鼓几乎是每个塞内加尔音乐团体的支柱。塞内加尔音乐"姆巴拉克斯"的风格就来自塞内加尔音乐中无处不在的传统萨巴尔鼓的节奏。萨巴尔鼓乐队是这种音乐最基本的组成部分。萨巴尔鼓表演至少有3个人参加，有时有12个人。最著名的

演奏者是杜杜·恩迪亚耶·罗斯。

塔玛鼓（Tama）几乎和萨巴尔鼓一样是塞内加尔沃洛夫、谢列尔、曼丁哥、马林凯、富尔贝和图库洛尔等民族普遍演奏的乐器。这种乐器因为能模仿人的声调，所以被称为"讲话鼓"。演奏者将鼓置于一个肩膀下，另一只手用一根棍子击打鼓面。今天塔玛鼓主要用来为舞蹈和音乐伴奏，是所有"姆巴拉克斯"乐队中的重要组成部分。

二 舞蹈

对于塞内加尔人来说，任何场合都可以当作展现艺术的舞台，舞蹈则是众多艺术形式中最生动、最富生活情趣的一种表现形式。塞内加尔舞蹈按照内容可以分为传统的仪式性舞蹈和民间的娱乐性舞蹈。但不论哪一种舞蹈，都是塞内加尔人日常生活与内心情感最真实、最强烈的表现。譬如，摔跤比赛胜利、丰收、洗礼等场合都要跳舞。

塞内加尔最流行的民间舞蹈是"萨巴尔舞"（Sabar）。这种舞蹈被称为风扇舞，因为舞者摇动臀部，如同电风扇，对舞者要求较高。"萨巴尔舞"由萨巴尔鼓和舞蹈组合而成，所有的女孩都学习这种传统舞。"尚尚母"是这个国家跳"萨巴尔舞"最有名的舞蹈团体。

塞内加尔著名的舞蹈团有第五维（5 th Dimension）、阿尔提尔、西诺迈舞蹈团（Ballet Sinomew）、林古埃拉国家舞蹈团和塔库·里盖伊舞蹈团（Ballet Takku Liggey）。第五维于1995年建立，通过巡回演出不同作品获得声誉，主要研究当代非洲舞蹈迈提斯舞。迈提斯舞以舞蹈形式的多样性为特征，涉及非洲大陆各民族的所有舞蹈形式。西诺迈舞蹈团成立于1990年，由舞蹈演员、杂技演员、打击乐器演奏者、科拉琴演奏者组成，该团致力于收集和恢复塞内加尔主要地区舞蹈艺术、歌唱和乐器的遗产。

林古埃拉国家舞蹈团是国家级舞蹈团，表演塞内加尔各地区的传统舞蹈，对乡村舞蹈进行技术改进。舞蹈团不仅拥有优秀的演员，还是传统音乐人能够以最快速度登台的地方，因为该团是达喀尔唯一定期表演传统音乐的地方。舞蹈团在世界各地巡回演出，在保护黑人、非洲人艺术一致性的同时，不断发展新的舞蹈艺术和舞蹈韵律的形式。

塔库·里盖伊舞蹈团于1986年建立，由一些残疾人艺术家组成。舞蹈团展示了神奇的舞蹈和传统的塞内加尔音乐，其宗旨是反对残疾人的乞讨行为，同时给年轻人提供改造自己、奉献社会的机会。

第四节 工艺美术

塞内加尔政府在全国建立了十几个"工艺村"，使传统手工艺得到继承。艺术家和民间艺人、工匠产出了丰富的绘画雕刻艺术产品。

玻璃画是塞内加尔最古老的艺术，19世纪由亚洲传入塞内加尔，在城镇和乡村很受欢迎。玻璃画以日常生活景象为主要内容，被称为"写实艺术"，在城市的墙壁上很常见。据说第一幅玻璃绘画来自地中海。塞内加尔每年都举办玻璃绘画国家艺术节。

沙画是塞内加尔一种非常流行的艺术，作品使用当地的彩沙制作而成。画家先在木板上用胶水勾勒，然后用不同颜色的沙子撒在上面，一幅简单的画作只需几分钟。在许多旅游景点，都有沙画艺人兜售自己的作品。

木雕是当地工艺村里最多、最常见的商品，制作木雕的材料是非洲乌木或桃花心木。乌木质地坚硬，有"黑色大理石"之称。木雕艺术在塞内加尔有上千年的历史，它涉及的题材十分广泛，有人物雕像、面具和动物等。图库洛尔艺术家的木雕作品最为著名。

乌斯曼·索乌（1935—2016）是国际知名的塞内加尔雕塑家，被称为"非洲罗丹"。他自幼喜爱雕塑，年轻时赴法国学习美术，中途放弃美术改学医，获得理疗师文凭，50岁后又弃医从艺，专心创作雕塑。为庆祝跨入新千年，塞内加尔总统瓦德委托索乌参与达喀尔滨海大道上的纪念建筑"千年门"设计。门上的雕像《亲爱的妈妈》是索乌的作品。他为国际奥委会创作的雕塑《起跑线上的赛跑者》被安放于洛桑奥林匹克博物馆。他创作的雨果雕像被安放于雨果出生地——法国城市贝桑松的广场上。他受日内瓦委托制作的雕像《移民》被安放在日内瓦市中心。青铜雕像《杜桑·卢维杜尔与老奴隶》是索乌创作的一组雕像中的一个，被华盛顿非洲艺术博物馆收藏，放在博物馆专门介绍乌斯曼·索乌的展室内。2005年，他的名字被收入法国《拉罗斯图解词典》。2006年，他获得法国荣誉军团军官勋章。2007年，索乌被《青年非洲》杂志评选为"以各自方式构建当今与未来非洲的100名人物"之一。

第五节　文化设施

非洲艺术博物馆（The African Art Museum of Dakar，IFAN）位于达喀尔，主要陈列传统、现代非洲和塞内加尔本国的艺术收藏品，有时也临时展览地方和外国当代艺术品。该馆是世界上研究这个地区人类学和艺术最好的博物馆之一，因为这里有代表西非各民族特色的雕刻艺术品，同时也陈列着当地过去和现在艺术家的作品。

塞内加尔博物馆和文献研究中心（Research Center and Documentation Museum of Senegal）设在圣路易，以塞内加尔历史和民族为中心，藏有几百幅照片作为殖民地前和殖民时期的遗迹和记录。博物馆记录了从旧石器时代到今天塞内加尔各历史时期的民族运动、伊斯兰教的发展等，还陈列着传统服装、乐器、清真寺和住房的图片与模型。

达喀尔大学撒哈拉以南非洲基础研究院戈雷岛历史博物馆于 1989 年建立，博物馆展示了塞内加尔从旧石器时代到现在各阶段的历史。

塞内加尔国家大剧院是达喀尔新的地标建筑，是中国政府无偿援助塞内加尔的第一个重要项目，与黑人文明博物馆毗邻，总造价约 2.3 亿元人民币，占地达 2 万平方米，有 1800 个座位，2011 年 4 月移交给塞内加尔政府。大剧院由中国成套设备进出口集团总公司建设，设备先进，造型美观，在西非地区首屈一指。

展示黑人文化和历史的塞内加尔黑人文明博物馆是中国继国家大剧院后又一个重要援塞项目，与国家大剧院组成达喀尔的文化广场。博物馆占地 1.4 万平方米，造价 1.8 亿元人民币，主要由礼仪大厅、展厅、报告厅和藏品库房组成，是西非地区最大的博物馆。博物馆由上海建工集团承建，2016 年 1 月落成，2018 年 12 月正式对公众开放。

达喀尔大学撒哈拉以南非洲基础研究院图书档案馆建于殖民地时期，独立后法国政府移交大学的同时，也移交了法属西非的大部分资料，包括书籍、地图、行政文件、学校和教育资料、报纸杂志、邮局记录等。档案馆藏书 6 万余册。

塞内加尔国家档案馆是塞内加尔最权威的档案馆之一，主要收藏了塞内加尔殖民主义时期（1816—1958 年）、法属西非时期（1895—1959 年）和塞内加尔独立以后许多重要的原始资料。

第六节 国际文化交流

塞内加尔是非洲尤其是西非地区文化交流的中心，在联合国教科文组织中起重要作用，教育家阿马杜·马赫塔尔·姆博在 1974—1987 年担任联合国教科文组织总干事。塞内加尔政府积极参加国际科学技术和文化合作会议，一直致力于非洲文化艺术交流与展示，以促进非洲传统文化的保护与发展，多次举办非洲大陆的文化节与舞蹈节。

1966年，桑戈尔总统在达喀尔主持举办了第一届世界黑人艺术与文化节，用艺术和文化展示"黑人精神"。第一届国际图书和教学用品博览会先后于1985年12月和1988年5月在达喀尔举办。

自1990年起，达喀尔开始举办非洲当代艺术双年展（Dar'Art），其初衷是表达政府将文化作为发展战略重心并促进非洲大陆团结的政治愿望，同时展示非洲人的非凡创造力。艺术节规模大、影响广，是非洲大陆唯一致力于发现和推广海内外非洲人与非裔优秀青年艺术家的大型文化平台，被评为"非洲十大最佳文化活动""全球最重要的20个双年展之一"。参展的艺术家不仅有来自非洲的，也有来自欧洲、亚洲及美洲的艺术家。第14届双年展于2022年5—6月举行，来自28个国家的艺术家参展，中国是这届艺术节的嘉宾国。

Kaay Fecc舞蹈节是达喀尔举办的另一个艺术活动，创建于2001年。kaayfecc是沃尔夫语，意为"来，跳舞！"舞蹈节上呈现的既有传统舞蹈，也有现代舞蹈，每两年举办一次，每次都会吸引非洲以及其他洲舞蹈团参加。

? 思考题

1. 哪些因素对塞内加尔文学产生了较大影响？
2. 什么是"黑人性"文化运动？
3. 中国援建了塞内加尔哪些文化设施？

第四章 经济概况

塞内加尔

第一节 经济的基本特征

在西非经济和货币联盟的 8 个成员国中，塞内加尔是仅次于科特迪瓦的第二大经济体。但在联合国 2021 年的最不发达国家名单上，塞内加尔是 46 个国家中的一个。就业、生活成本、公共服务质量、电力和水的供应与成本仍然是塞内加尔人最关心的问题。塞内加尔虽然有一定的工业基础，但仍属于农业国，70% 的人口从事农业。农业以种植花生、棉花、小米、高粱、玉米、木薯等为主，塞内加尔是西非地区主要的花生、棉花生产国。

塞内加尔经济的主要支柱是采矿、建筑、旅游、渔业和农业，传统创汇产品是海鱼、花生、磷酸盐以及旅游业。虽然是农业国，但粮食自给仍是塞内加尔努力追求的目标。它的主要经济伙伴是法国、印度、意大利、中国和美国。靠天吃饭和人口高速增长是制约塞内加尔经济发展的两个重要因素，2017 年，塞内加尔人口增长率为 2.39%，远高于全球增长率（1.2%）。塞内加尔严重依赖外国援助、海外侨民汇款和外来投资。

根据 2016 年的统计数据，塞内加尔是世界第 165 大经济体，在非洲排名第 21 位，在西非排名第 4 位。2012—2017 年，国内生产总值年增长率为 5.4%。2018—2019 年，塞内加尔国内生产总值（GDP）增长率分别为 6.8%、6.6%。根据世界银行的统计数据，2021 年塞内加尔的国内生产总值为 276.3 亿美元，人均国内生产总值为 1606.5 美元，国内生产总值增长率为 6.1%。

从经济层面划分，塞内加尔有三个不同的区域：一是现代经济区，是进出口公司和银行等的聚集地，主要在达喀尔；二是花生产地，它是有利可图的经济作物区；三是缺乏利润的农业区，该地区依靠向城镇或花生产区提供劳力和粮食来维持生活。

由于历史原因，与周围其他西非国家相比，塞内加尔经济处于"比较发达"的行列。独立前，塞内加尔是法国对西非地区进行殖民统治的"桥头堡"，成为法国在西非投资的主要地区。1948—1957 年，法国在塞内加尔的官方投资和私人投资分别占其在整个西非投资总额的 67.3% 和 78.2%。这一方面使塞内加尔的经济在法属西非联邦各殖民地中领先，另一方面也使塞内加尔成为法国廉价原料的供应地和法国商品的倾销市场。在法国殖民统治期间，塞内加尔经济发展产业结构过于单一，主要种植花生和棉花，其中花生产量在 1950 年达到 100 万吨，花生出口居世界第二位。到 1959 年独立前夕，塞内加尔输出的花生占出口总额的 87%，而进口的消费品占进口总额的 68%。1960 年独立后，塞内加尔、科特迪瓦和喀麦隆成为西非国家中经济状况较好的国家，但发展速度一直比较缓慢。

在产业结构中，第三产业一直领先，是国内生产总值的主要贡献者。在殖民主义时期，塞内加尔产业结构呈"三一二"模式，即第三产业居首，农业居中，工业居后。独立之后，政府进行产业结构调整，大力发展工业。到 1993 年，工业占国内生产总值的比重超过农业，产业结构改为"三二一"模式。此后，农业占国内生产总值的比重不断下降，工业总产值持续呈上升趋势，制造业所占比重较大。

2019 年，农业占国内生产总值的 16.5%，农业人口占总人口的 50%，仍然特别容易受到多变的天气和世界商品价格波动的影响。工业占国内生产总值的 25.6%，以金矿、磷酸盐、水泥、食品和建筑业为主。新发现的油气田将来可能增加工业在国内生产总值中的占比。服务业占国内生产总值的 57.9%，其中公共服务占 20%，电信占主导地位。

2020 年，塞内加尔第一产业产值占 GDP 的比重是 16.2%，第二产业占 GDP 的比重为 22.2%，第三产业产值占 GDP 的比重为 50.7%。

从财政收支上看 2020 年，塞内加尔财政收入 2.842 万亿西非法郎，支出 3.746 万亿西非法郎，赤字 9093 亿西非法郎。

塞内加尔 2016–2020 年国内生产总值数据

（单位：亿西非法郎）

	2016 年	2017 年	2018 年	2019 年	2020 年
国内生产总值	112830	122720	134090	143340	139328
第一产业比重	16.1%	17.9%	18.5%	18.6%	16.2%
第二产业比重	26.0%	25.2%	25.4%	25.2%	22.2%
第三产业比重	57.9%	56.9%	56.2%	56.2%	50.7%
经济增长率	6.4%	7.1%	6.8%	6.6%	0.7%

资料来源：塞内加尔国家统计局（ANSD）

注：有关数据受来源及汇率估算影响

农业、畜牧业、渔业是塞内加尔的特色及重点产业。塞内加尔是农业国家，约 60% 人口生活在农村地区，并从事农业生产。全国可耕地面积 400 万公顷，其中 250 万公顷分布在 6 个主要农产区，如继续开发荒地，预计可耕地面积可扩大至 850 万公顷。目前，塞内加尔用于粮食作物的耕地为 125 万公顷，主要粮食作物有水稻、玉米、高粱、木薯等。用于经济作物耕地为 92 万公顷，主要经济作物有花生、棉花、芝麻以及热带水果、蔬菜和花卉。政府在种子和肥料方面加大投入并加强预防农作物病虫害，粮食作物和经济作物产量均有提高。2020—2021 年，谷物总产量达到 364 万吨，远超上一年度的 270 万吨。水稻收成达到 130 万吨，小米产量达到 144 万吨，玉米和高粱的产量分别为 76.2 万吨和 37.7 万吨。

近年塞内加尔主要作物产量表

（单位：吨）

财年	水稻	玉米	高粱	花生	棉花	芝麻
2015—2016	906348	304296	188500	1050042	31000	10376
2016—2017	945617	346030	178028	991427	15160	12051
2017—2018	1007277	417259	225865	1411574	20000	14033
2018—2019	1156307	485777	295463	1500588	15121	16824
2019—2020	1155337	530705	270168	1821288	16511	24304

（1）花生：塞内加尔最重要的经济作物，种植面积约 125 万公顷，2020 年塞花生总产量约 182 万吨。卡夫林、考拉克、法蒂克、坦巴昆达和卢加五个产区产量占塞内加尔花生总产量的 67%。塞内加尔约 400 万人从事花生的种植、收购、压榨和出口等行业。花生及其制品出口一直是塞内加尔重要的外汇来源。自 2014 年末中塞签订《塞内加尔花生输华植物卫生要求议定书》以来，塞花生输华大幅增长，中国已成为塞内加尔花生最大的出口市场。

（2）棉花：主要在南部种植，种植面积约 2 万公顷，从业人员约 8 万人。塞内加尔棉花内销 15%，其余出口。受降雨和病虫害影响，棉花产量和品质很不稳定。塞内加尔棉花年出口量最高可达 1.4 万吨，远不及布基纳法索、马里、科特迪瓦和贝宁等西非国家。近年来，棉农积极性下降，改种回报率更高的花生等经济作物，棉花种植面积不断减少。

（3）芝麻：近年来，芝麻生产有较大发展，种植面积已达 2.6 万公顷，年产量约 2.4 万吨。

（4）水稻：塞内加尔河流域是水稻主要产区。马基·萨勒就任总统以来，将粮食自给作为重要执政目标，塞内加尔水稻产量近两年快速提高。种植面积 23.7 万公顷，2018 年产量 115.6 万吨，2019 年产量 115.5 万吨。

（5）畜牧业：主要饲养牛、羊、猪、马、家禽等。

（6）渔业：塞内加尔的另一经济支柱，也是第一大创汇产业。塞内加尔海岸线长达 718 公里，海洋渔业资源丰富。据塞官方数据，远洋生物储量达到 83.6 万吨，近海资源约有 10 万吨。全国约有 22 万人从事捕鱼业，就业人数排全国各产业第二，全国有 30 余家捕捞公司拥有 150 余艘工业渔船、同时有 1.9 万艘手工渔船在近海作业，每年捕捞量超过 40 万吨。

在工业方面，塞内加尔工业企业主要集中在农产品加工、食品、化工、纺织、皮革、炼油、建材等领域。全国85%的工厂集中在达喀尔地区。

花生油生产是当地最重要的出口创汇加工工业之一。当地最大的花生油生产商为 SONACOS（原 SUNEOR）公司、COPEOL（原 NOVASEN）公司和 CAITT 公司。花生粕是生产花生油的副产品，可作牲畜饲料，绝大部分出口至法国、荷兰、比利时和葡萄牙。

渔业加工发达，产业链齐备。近 120 家水海产品加工企业，约 60 万人从事渔业捕捞、加工、销售、贸易相关领域。产品除满足本国市场，还大量向周边国家出口，对非洲国家出口占出口总值的半壁江山。此外，产品还远销欧洲和亚洲市场。达喀尔港的良好条件，也吸引了大量周边国家的捕鱼船前来补给、卸货。中国水产公司在塞投资建有捕捞公司和加工厂，是塞内加尔行业龙头企业。

塞内加尔是西非最大的产盐国，约三分之一的盐产量出自本地手工作坊，主要供给本国和邻国的食盐市场。

在服务业方面，塞内加尔第三产业以旅游业、交通运输业、金融服务业和商业为主，从 20 世纪 80 年代起有明显发展，2000—2008 年均增长 5.5%，此后保持 4% 以上的年增长率。2019 年，塞内加尔第三产业产值 8.06 万亿西非法郎，较 2018 年上涨 6.6%。2020 年，受疫情影响，塞旅游业受到了较为严重的打击，增长率显著下滑。

（1）旅游业：塞内加尔经济支柱之一，对塞内加尔的经济增长贡献位居第三，占塞内加尔外汇收入约 12%。2017 年旅游业收入为 4820 亿西非法郎（约合 8.67 亿美元），约占 GDP 的 7%。游客主要来自欧美发达国家，法国、意大利、西班牙三国游客数量占总游客数 50% 以上。旅游目的地主要集中在达喀尔、捷斯、济金绍尔、圣路易等地区。每年 12 月至次年 2 月为旅游旺季。

（2）交通运输业：2018 年 1 月以来，每月航空客运人数超过 20 万人次，2020 年 1 月达到 24 万人次，同比增长 2%。2020 年 1 月货运量达 3058 吨，同比下降 8.8%。2020 年 1 月达喀尔港吞吐量达 158.6 万吨，同比增长 17.1%。

（3）金融服务业：达喀尔是西非金融中心之一，塞银行业规模在西非国家经济货币联盟中位列第二，仅次于科特迪瓦。金融服务业是塞内加尔第三产业的重要组成部分。

（4）商业：以零售业为主，大型商场多为外资拥有，主要经营者为法国、黎巴嫩和印巴商人。

第二节　经济发展战略和政策的演变

独立后头 20 年，塞内加尔在桑戈尔的领导下实行"民主社会主义"，在维持与加强同法国经济联系的同时，改造殖民地经济体制和发展民族经济。为实现这一目标，桑戈尔政府十分注重国家干预和内向型经济战略，根据国情制定了优先发展农业和创建民族工业的基本政策，为此将外资企业及合资企业国有化和塞内加尔化，鼓励和支持本国中小企业和民族资本的发展，对国民经济实行计划化，强化国家对主要经济部门的控制，实行对外开放，积极争取外国援助。

桑戈尔认为，制订与实行有效的国家经济计划是贯彻非洲民主社会主义方针的重要步骤，为此先后实行了五个四年经济发展计划，确定了一系列符合民族利益的方针。如优先发展农业，增加粮食生产，在保证经济作物花生产量的前提下实行多种经营；减少粮食进口，缩小外贸逆差；在工业方面，利用本国资源满足国内市场等。

1981 年迪乌夫执政后，经济政策从非洲民主社会主义向自由主义过渡，推行新农业和新工业政策，减少国家干预，开启国家企业私有化进程，努力引进外资和技术。

塞内加尔是接受国际货币基金组织提出的结构调整计划（SAP）的首批非洲国家之一。世界银行、国际货币基金组织和主要债权国要求塞内加尔政府快速改变经济政策，强调应将巩固经济增长作为政策改革的主要目标,并提出许多措施。实现这一目标也成为塞内加尔获得特别提款权贷款和重新设定债务的条件。为此,迪乌夫政府持续降低预算赤字、外债和通货膨胀率,并且提出要把政府建成"小政府、好政府"。

塞内加尔第六个四年计划(1982—1985年)强调优先发展农业,提倡多种经营,争取粮食自给;减少国家干预,逐步实行国有企业私有化,鼓励企业间自由竞争;积极发展中小企业。1983年,席卷非洲大陆的严重旱灾导致塞内加尔农业大幅度减产,经济陷入严重困境。为了走出困境,1984年,迪乌夫政府实行新农业政策,积极推进农业市场化。第七个四年计划(1986—1989年)时期,政府进一步实行国营部门私有化,以充分发挥私营部门的作用,减少政府投资;提高企业竞争力,减少国家保护。

为了达到国际货币基金组织的要求,塞内加尔政府提出加速私有化进程,扶持私营企业,尤其是中小企业发展;发挥市场作用,创造宽松的投资环境;促进出口产业发展。1994—1997年,政府在放开物价、国内贸易和国际贸易等方面进行了结构改革,打破了昔日垄断局面和束缚经济的条条框框。

瓦德总统上台后,完全实行自由主义经济,进一步加速私有化、自由化进程。他将小农经济转变成以私营部门驱动为中心的农业产业和服务业,利用塞内加尔与欧洲距离较近的有利条件,使该国成为西非地区的贸易中心。政府还雄心勃勃地准备建设一些基础设施项目,包括建设一个新机场、公路网港口设施以及水利灌溉和植树造林等。但由于经济多样化作用比较有限,经济增长仍需依赖公共支出来维持。

瓦德政府经济改革主要集中在四个领域:巩固财政并提高财政透明度;进一步推行私有化;减少贫困和失业;促进和鼓励国内外私人投资。2004年新投资法出台,宗旨是引导投资者投资成长性行业和有优势的经济部门,创造就业机会。

2008年,为应对粮食危机,政府加大对农业的投入,实施"丰粮足食农业大会战"计划,粮食和花生产量均大幅度上升。2010年,政府继续加大对农业和基础设施建设的投入,粮食产量增加。但受国际金融危机的冲击,外国投资和援助减少,经济增速放缓。

萨勒总统执政后,政府优先发展高附加值、劳动密集型的外向型经济,促进中小企业的发展,加强农业投入,改善电力供应,重视基础设施建设。2013年,萨勒政府将"农业、能源、就业和基础设施"作为四大优先发展领域。此外,塞政府认为要减少全球经济萧条尤其是欧元区经济不振给塞内加尔带来的不利影响,应更关注对新兴经济体特别是对中国的出口。

萨勒政府的发展战略重点是增加公共财政和建设所需的基础设施,以提高人民的生活水平,支持民营企业的发展和吸引外国投资。基建是塞内加尔政府为期10年、耗资210亿美元的发展计划,即塞内加尔振兴计划(the Plan Senegal Emergent,PSE)的支柱。政府将继续担保外国的直接投资,包括来自欧盟和中国的投资。

塞内加尔振兴计划是萨勒政府制定的一项雄心勃勃的中长期经济发展规划。该计划旨在用30年时间实施优先经济改革和投资项目,以促进经济增长,同时保持宏观经济稳定和债务可持续性。该计划给塞内加尔经济注入了强劲的推动力,2014—2018年经济增长率超过6%,使塞内加尔跻身撒哈拉以南非洲最具活力的国家之列。塞内加尔振兴计划的重点是基础设施网络建设。官僚主义和商业环境可能减缓该计划的持续实施。

第三节 工业概况

塞内加尔是西非地区工业较发达、门类较齐全的国家之一,工业在国民经济中占有重要地位。据世界银行统计,工业产值在国民经济中所占比重，2015年达到24.3%。主要工业门类有农产品加工、食品、化工、纺织、皮革、炼油、建材工业、水电工业、建筑和公共工程等。近年来，汽车装配业和建筑业等取得较快的发展。

在法国殖民统治时期，西非联邦中的工业几乎都集中在塞内加尔，特别是达喀尔，相对发达。独立后，塞内加尔政府制定了新的工业发展方针。首先，实行对外开放，保护和鼓励外资。独立初期，政府将水、电、交通等部门的企业收归国有。1962年，政府制定了投资法，从法律、税收等方面明确了保护和优待外资的政策。如果开办工厂，投资在10亿西非法郎以上，享受减免税收25年。1974年，为了进一步吸引外资、发展出口企业和促进就业，政府在达喀尔近郊建立"自由工业区"。工业区的企业主要从事医药、假头套、塑料鞋、皮鞋、轮胎、方糖、箱包、海鲜、罐头等产品的加工生产。

其次，发展民族经济，保护本国资本，推动干部和资本"塞内加尔化"。政府积极鼓励民族资本兴办中小型企业，为此对本国人民开办的工厂给予免除营业税、部分原料进口税和提供贷款方便的优惠待遇。1972年修订的投资法将开办工厂最低投资额降为5亿西非法郎，1977年降到2000万西非法郎，以鼓励中小企业发展。为了提高塞内加尔人的管理水平和增加本国人民的就业机会，政府规定，外国企业中塞内加尔管理人员应占85%，必须雇用当地的工人。塞内加尔的私人资本和国家资本可投向外资企业。

最后，改变工业企业的不合理布局。政府为改变工业企业集中在达喀尔的不合理布局，鼓励工业企业向国内各地分散建设。为此，1981年出台的投资法规定，向内地投资的外资工厂，除了可自由汇出资金外，还可享受免除原料进口、赢利、注册、生产等税收的优惠待遇。

1986年，政府又出台新工业政策，以出口为导向，减少关税和非关税保护。政府还制订了一系列促进出口计划：出口企业享受出口退税、临时准入、出口补助和特惠关税制等待遇；推动国有企业私有化，减少政府对工业部门的控制与管理，提高本国企业的自主竞争力；鼓励私人和外国投资；进一步鼓励发展中小型企业；修改劳动法，放宽雇主雇用工人的限制。

1994年，非洲法郎贬值，政府实行新措施试图鼓励私人投资工业。新措施主要包括：取消进口许可证和一些大公司的垄断地位；把政府拥有或者受政府控股与保护的一些公司私有化，包括主要生产花生油的塞内加尔国家油料商业公司。

为了鼓励外商投资，1998年成立工业高级委员会，制定工业战略，优先发展高附加值和有出口潜力的工业部门，如化工、纺织、农产品加工、皮革、金属加工和机械制造业。瓦德执政后，成立重要工程国家投资促进局，帮助处理重大工程投资事宜。2001年又设立中小企业环境发展局，帮助中小企业解决发展中遇到的问题。瓦德强调进一步推动手工业转型，提高手工制造产品的质量和附加值，提高其出口创汇能力。有40多万人在10多个手工业村就业。

2000年7月，塞内加尔成立投资促进和大型工程局，并将它作为主管投资机构，旨在促进私营部门参与基础设施建设的投资和融资。2004年修订的《投资法》允许外资在电力、通信、供水、采矿以及与安全相关的服务领域占多数股份，但不允许100%独资。《投资法》对于超过1亿西非法郎的投资（主要是生产、加工、工业、旅游、农业和贸易），提供免征关税、增值税、企业所得税等税收优惠和其他激励方式。政府鼓励投资的领域包括农业、渔业、养殖业、仓储、包装、本地肉食品和农产品的加工、生产制造业、矿产开采加工业、旅游业、酒店业、机械设备组装和维修，以及港口、航空、铁路和文化产业等。政府规定的投资方式是，外商可以以现金、设备入股，或采用技术合作的方式直接在塞内加尔成立独资或合资公司开展业务。

一　采矿业

塞内加尔矿物质种类繁多，但尚未得到充分开发。塞内加尔采矿业起步于20世纪40—50年代，至今仍有大量资源等待开发。采矿业是塞内加尔最重要的重工业部门，产值在塞内加尔国内生产总值中虽然所占比重不大，但它仍是塞内加尔出口创汇的第三大来源。根据2019年底发布的最新EITI报告（采掘业透明度倡议），2018年塞内加尔采矿业创收1119亿西非法郎（约1.74亿美元），矿产出口额为6710亿西非法郎，主要出口矿产为黄金、锆石和磷酸盐。

塞内加尔磷酸盐产量在非洲名列前茅，主要生产两种：磷酸铝和磷酸钙。磷酸盐是塞内加尔主要出口创汇产品，产量的80%以上出口，其余部分供给达喀尔磷肥厂。据塞内加尔国家统计局公布的数据，2019年的磷酸盐产量为170万吨，2020年为230万吨。随着非洲农业对化肥需求的大幅增长，塞内加尔新矿床的发现，采矿业前景光明。

塞内加尔采矿业严重依赖外国资本和技术，包括黄金开采。法国、澳大利亚、英国、南非等国公司参与了塞内加尔的黄金勘探开采。根据西非国家中央银行的统计数据，2020年，塞内加尔的黄金产量为17吨，在8个西非经济货币联盟成员中名列第三。

塞内加尔铁矿的开采始于20世纪30年代。2006年，荷兰的米塔尔钢铁公司（Mittal Steel）与塞内加尔政府签约，计划投资22亿美元，后因市场不利而搁置计划。2018年，土耳其托夏利公司与塞内加尔签约，计划投资12000亿—18000亿西非法郎，分阶段在塞内加尔生产100万吨钢铁。2020年，铁矿石产量为1500万—2000万吨。

塞内加尔海岸的沙丘和海砂中含有大量的重矿物，如锆石、钛铁矿、金红石和白钛矿。1991年，塞内加尔发现的钛矿储量为1000万吨。2007年，澳大利亚矿藏有限公司（MDL）出资3.7亿美元，获得塞内加尔政府25年的许可证，受权开发在达喀尔和圣路易市之间与锆石和钛相关的矿产资源。2011年7月，澳大利亚矿藏有限公司与法国的埃拉梅（Eramet）组建了一个新公司提兹（Tizi），开发海岸矿砂，预计矿产资源开采年限为25年，可年产57.5万吨钛铁矿、8.5万吨锆石、0.6吨金红石和1万吨白钛石。

2020年，锆石产量为9万吨。

塞内加尔计划于2023年开采GTA（Grand Tortue Ahmeyim，位于塞内加尔和毛里塔尼亚交界地带，两国共同开发）和桑戈玛油田，塞内加尔因此将加入非洲石油审核出口国行列。GTA气田原定于2022年开始生产，因为新冠疫情推迟到2023年。预计第一年将产出250万立方米天然气，项目2—3期的产量将可能达到1000万立方米。桑戈玛油田开采后，预计日产石油10万桶。塞内加尔政府估算，桑戈玛油气田可采油5.6亿桶，天然气680亿立方米。塞内加尔计划于2024年开采Cayar地区的天然气资源，用于发电。

根据塞内加尔财政部的报告，2023—2025年，石油和天然气将给塞内加尔带来8870亿西非法郎（约14亿欧元）的收入。其中，第一年590亿西非法郎，第二年3270亿西非法郎，第三年5010亿西非法郎。实际收入将取决于国际石油市场价格的变化。据预测，GTA气田将给塞内加尔和毛里塔尼亚带来800亿—900亿美元的收益。

2022年2月俄乌冲突爆发，欧盟国家因抵制俄罗斯天然气将面临天然气供应危机，德国寻求购买塞内加尔的天然气。塞内加尔总统萨勒表示，塞已做好向欧洲市场供应天然气的准备。2022年8月12日，塞内加尔宣布，将于2024年开始向德国等欧洲国家提供天然气。

二 电力工业

独立以来，塞内加尔水电工业虽然发展很快，但电力供应长期不能满足发展的需求。主要原因有：主要依靠进口燃油火力发电，油价的高涨导致发电成本上升，直接影响到电力工业的发展；设备老化导致整个电力行业效率低下；电力分配布局不均。尽管已有一半的城镇与国家电力网连接，但是乡村的通电比例只有5%。电力生产由国家控股的塞内加尔国家电力公司（SENELEC）负责，它是塞内加尔唯一的电力公司。与周边国家相比，塞内加尔电价高，输送服务质量却很低，严重影响了工业发展。

2002年7月，塞内加尔政府请求世界银行对国家电力公司提供帮助，国际货币基金组织要求塞内加尔政府推进对电力部门的改革，包括允许私人建立新的发电厂。2007年，一家伊朗银行提供3200万美元贷款建设新的输电线，以改善农村供电。中国也提供了4800万美元贷款在达喀尔新建一个电力枢纽。对政府而言，国家电力公司仍是格外沉重的财政包袱，其生产的电力价格仍是非洲最高的。

三　制造业

塞内加尔是西非地区制造业较发达的国家之一，仅次于科特迪瓦。2010年，制造业产值为15.43亿美元。生产成本高、规章制度烦琐、基础设施差、国内市场小等因素，导致塞内加尔制造业竞争力较弱。制造业部门结构以轻工业为主，多为中小企业，几乎都集中在达喀尔。主要门类包括农产品和食品加工业、纺织业、化工业、水泥业、机械工业等，产品多销往西非国家。在某些领域，它拥有了专业化的生产能力，如印刷、包装、塑料、冶金、皮革以及工业和化学设备。

农产品和食品加工业是最重要的部门，占整个工业生产附加值的40%。农产品和食品加工业主要有花生加工、水产加工、畜产加工、面粉加工、烟草加工、食糖加工等门类，主要产品有花生油、面粉、饮料、卷烟、食糖、鱼类罐头、蔬菜油等。塞内加尔生产的花生主要用于榨油和出口。在20世纪70年代中期，纺织业曾是主要出口部门，但自1985年起，它受到亚洲商品的冲击。新兴的车辆组装公司兴起，2003年与印度塔塔国际公司合资创建的第一家车辆组装企业塞内加尔公共汽车公司在捷斯建立，开始生产公交车。2008年，与伊朗的豪卓（Khodro）汽车公司合资创建了一家汽车组装公司，然后与中国的长城汽车股份有限公司和奇瑞汽车股份有限公司成立了合资公司。

塞内加尔已成为西非主要的水泥生产国，现有三家水泥厂，2020年水泥产量为700万吨。除满足本国需求以外，它还向周边国家出口。

塞内加尔机械工业主要包括船舶修理、汽车和自行车装配、金属加工等。达喀尔港船舶修理厂于1981年建成，能够修理6万吨级的货轮。2003年9月，第一家车辆组装企业在捷斯建立，为国内和地区市场生产公共汽车，投资者是本国投资者和印度塔塔国际公司。

塞内加尔制造业还有海盐生产、造纸、制鞋等。

四　建筑和公共工程

瓦德总统执政后，政府大力加强基础设施的建设，如铁路、港口、水电站和机场等，规划了一系列建设项目，如达喀尔至马里首都巴马科1200公里的铁路修复工程，兴建达喀尔新国际机场、达喀尔港现代化及扩建工程，兴建国际商业中心，兴建达喀尔至捷斯的高速公路，兴建巴格尼矿产港口等。建筑和公共工程发展速度较快，2003年建筑业产值为1407亿西非法郎，在第二产业中名列第二，仅次于制造业产值。

第四节　农业概况

农业是塞内加尔经济的重要组成部分，是劳动力就业的主要部门。根据塞内加尔农业部2013年的数据，农业对国内生产总值的贡献率为17.5%。

独立后，历届政府为解决粮食短缺问题都实施了优先发展农业的战略，并制定了在保证经济作物花生产量的前提下实现农作物多样化、争取粮食自给的农业政策。20世纪六七十年代，桑戈尔执政时期制定的农业政策包括土地国有化，将土地交给村社团管理，鼓励农民建立合作社，国家通过合作社改革解决生产资料不足、资金缺乏、水利等问题，提高农业生产力。

1984年，迪乌夫政府实行"新农业政策"，其主要内容是减少国家财政补贴，提高农产品收购价格，鼓励私人经营，改革农村管理体制和经营方式。1995年，政府进一步实施新农业政策，实行农业部门自由化，减少对农产品私人贸易的限制，取消国家对农产品价格的干预，取消在种子、化肥和购买工具方面的信贷限制。

2000年瓦德执政后，继续坚持农业部门私有化和农业市场自由化，强调政府要投资乡村基础设施和公共事业的建设，以帮助农民应对变幻莫测的市场和天气；进一步致力于农业多样化，减少对花生生产与出口的过分依赖；给农民出口棉花等经济作物更多的灵活性；采取规范农产品产销体制，稳定花生和棉花等主要经济作物的价格。2005年，随着政府对农田水利设施投资的加大，可耕地面积扩大，水稻等农作物的产量有所增加。2009年，政府继续加大对农业的投入，宣布进行"农业革命"和"绿色革命"，通过建立农民协会和农民银行等方式，增加农业补贴，粮食作物普遍丰收。但受国际金融危机的影响，粮食价格下跌，加之粮食加工能力弱，出现增产不增收的现象。

尽管政府采取了多种措施，但塞内加尔的农业生产仍发展较慢，在国内生产总值中所占比重也呈下降趋势。农业产值占国内生产总值的比重已从1970年的24%下降至2003年的20%，2014年继续下降至15.6%。塞内加尔的粮食产量仅能满足全国40%的消费需求，因此塞内加尔每年需要大量进口粮食。

塞内加尔要实现粮食的自给自足还面临多方面挑战，包括生产技术落后、干旱、沙漠化、人口增长快等。基础设施和基本需求的不足也导致农村劳动力不断流向城市，耕地开发十分有限。

一 种植业

塞内加尔的主要粮食作物有小米、水稻、玉米、高粱和木薯等,全国46%的耕地用于种植谷物。小米是最重要的粮食作物,也是塞内加尔人的主食。它适合塞内加尔的气候和土壤条件,主要产区集中于中部和北部地区。

水稻是仅次于小米的第二大粮食作物,塞内加尔河谷地和卡萨芒斯南部地区是主要产区。政府比较重视水稻的生产,引进高产量良种,故水稻生产发展比较平稳。

玉米是国家独立后才发展起来的新兴粮食作物,其种植要求水利条件好且土壤较肥沃,因此塞内加尔河谷地带尤其是南部河谷平原是种植玉米的良好地区。政府重视玉米生产,使用进口杂交种子、化肥、除莠剂和农药,玉米生产发展较快。2003年的产量为40.09万吨,收获面积为17.56万公顷,单产为2283.4公斤/公顷。

高粱产区主要分布在中部和北部地区,其生产发展平稳。

木薯也是主食之一,对自然条件适应性强。塞内加尔高度重视粮食生产,尤其是大米。经过多年发展,粮食产量总体提高,但受气候相关灾害影响较大。2012—2013年,农产季粮食产量167万吨,政府预计需进口70万吨大米、30万吨面粉和1.3万吨玉米才能满足全国需求,粮食自给率为55.4%。

塞内加尔最重要的经济作物是花生。为了减少经济上对花生产量与出口的过分依赖,政府一直倡导农业多样化。

花生是农民现金收入的主要来源,约三分之一的耕地被用来种植花生,花生产区主要分布在中部地区。塞内加尔土壤多为沙土和沙质土,很适宜种植花生。但是,花生在开花结果期需要很高的温度和充足的雨水,因此花生的产量高度依赖气候。遇到严重旱灾,花生产量就会急剧下降。

影响花生产量的因素，一个是气候，另一个是国家的收购价格。2012年，瓦德政府取消非居民不得收购花生的禁令。中国自2015年起成为塞内加尔花生的最大买主和进口国。

棉花产区主要分布在南部，是独立后发展起来的经济作物。20%的已耕地被用来种植棉花。在经济作物中，棉花的种植面积仅次于花生。塞内加尔约有8万人从事棉花种植业，他们种植的棉花全部由棉花交易公司（SO DEFTTEX）负责销售，大部分外销。

二 畜牧业

畜牧业以饲养牛、羊、猪、马、家禽为主。2013年，塞内加尔畜牧业产值在国民生产总值中所占比例约为4%。

畜牧业在第一产业中对国内生产总值的贡献率仅次于种植业。全国永久草场面积为565万公顷，牲畜饲养量呈逐年上升趋势，但是萃萃蝇的大量繁殖和严重的旱灾阻碍了畜牧业的进一步发展。畜牧业产值虽然稳步增长，但在整个国民经济中的比重却呈下降趋势。1994年，畜牧业产值为1098亿西非法郎，占国内生产总值的7.2%；2001年，产值增至1404亿西非法郎，但只占国内生产总值的6.41%。塞内加尔需要进口肉类以满足国内人民生活的需要，2003年达到14564吨。

三 渔业

渔业是塞内加尔经济支柱之一。塞内加尔濒临大西洋，拥有700多公里的海岸线、21033平方公里的大陆架、11495平方公里的领海和147221平方公里的专属海洋经济区。其大陆架和临近海域是南大西洋渔区的重要组成部分，这里海洋鱼类资源丰富，种类多，数量大。塞内加尔还拥有4190平方公里的河流面积，塞内加尔河与卡萨芒斯河蕴藏着丰富的淡水鱼类资源。

2015年，渔业产值约为1540亿非洲法郎。全国渔业从业人员约有15万，占就业人口的2.8%。近年来，受渔业资源萎缩影响，渔业从业人员数量有所减少。

从1986年起，渔业超过花生种植业成为塞内加尔最大的出口创汇部门。2002年，渔业出口占出口总额的23.6%，为1822亿非洲法郎，主要销往非洲、北美、欧盟和日本。渔业也是该国第二大吸纳劳动力的就业部门，在渔业部门就业的劳动力大约有60万人，占全国就业总人口的15%，主要从事捕鱼和鱼类加工工作。

渔业分为海洋渔业和淡水渔业两种，以海洋渔业为主。自独立以来，塞内加尔海洋渔业发展很快，1965年捕获量仅5万吨，到2002年增加到36.12万吨。海洋渔业的发展主要得益于政府的有力措施，包括：面向出口，建立和发展国营工业性渔船队，发展现代海洋渔业；改造传统渔业，实现捕鱼装备机械化；发展港口基础设施和其他渔业基础设施等。

渔业面临的最大问题是过度捕捞。过度捕捞极大地破坏了海洋环境，制约了渔业发展。手工捕鱼每次捕获量虽然比较有限，但仍是渔业生产的主要方式，地区捕鱼及其合作均以手工捕鱼为主。

1975年1月1日生效的渔业法规定，塞内加尔海岸110海里半径以内的海域为塞内加尔的捕鱼区，同时还规定，外国渔民只有在他们的国家同塞内加尔签订特别协定后才能在划定海域内捕鱼。为此，塞内加尔每年发放捕鱼许可证，并规定外国渔民捕获的鱼必须运往塞内加尔的一个港口卸货，如果发现任何非法捕鱼者和不按规定卸鱼者，政府将对其处以罚款并没收其所捕之鱼和渔网。

1976年，塞内加尔进一步确定其领海宽度为150海里，大陆架宽度为200海里。1987年颁布的海洋渔业法及随后制定的其他渔业法令对本地和外国船只捕鱼活动做了更为详细的规定。法令规定，外国船只在塞内加尔水域捕鱼必须与塞内加尔方面签订协议，塞内加尔本地船只至少51%的所有权为塞内加尔国有，要在塞内加尔进行官方登记；船长和大多数负责人必须是塞内加尔国民，所有渔船必须有详细的捕鱼记录。

塞内加尔还同外国签订了渔业协定，规定了捕鱼的数量和品种，以便更好地保护本国的渔业资源。1997年，塞内加尔与欧盟正式签订协定，据此欧盟船只捕捞的部分鱼类将在当地上岸加工。作为补偿，欧盟于1997—2001年向塞内加尔支付4800万欧元。2000年，欧盟成员国有78艘渔船被允许在塞内加尔捕鱼。2002年6月，塞内加尔与欧盟签订一项新的协定，据此每年有两个月禁止捕鱼期以保护渔业资源。2002—2006年，欧盟给予塞内加尔6400万欧元的补偿。海洋渔业可分为手工捕鱼和现代工业捕鱼。手工捕鱼是塞内加尔渔业的基础，能够提供五分之四的捕获量。

手工捕鱼拥有1.2万艘独木舟、5万—7.5万渔民，占塞内加尔上岸捕获量的85%，占整个海洋渔业产值的60%。手工捕鱼的产品附加值是48%—86%，为现代工业捕鱼附加值（22%—36%）的两倍多。另外，手工捕鱼还带动了很多人从事渔业及其他服务的加工和销售。但是，渔业资源的减少严重威胁了手工捕鱼的发展。

现代工业捕鱼业是独立之后发展起来的。1962年，塞内加尔渔业公司（SOSAP）成立，该公司从国外公司进口渔船，主要职责是组建金枪鱼船队和沙丁鱼船队。1965年，它建起了非洲第一支金枪鱼船队，也是非洲最大的金枪鱼船队，共有20艘渔船，吨位在235—300吨，发动机为600—950马力，后来又新增3艘1850吨、2300马力的渔船。到1983年，这支国有渔船队拥有165艘渔船，2001年增加到200艘。船队捕获的鱼最初供应当地小规模的中上层海鱼市场，后来主要捕捞底层海鱼，然后由当地加工成鱼片或冷冻出口到欧盟和日本。

现代渔船队的捕获量虽然只占总捕获量的五分之一，但是它提供了绝大部分的出口水产品。船队作业范围包括整个西非海岸。

第五节 旅游业

一 旅游业发展概况

塞内加尔是西非地区乃至整个非洲旅游业发展较好的国家之一，旅游业是塞内加尔的经济支柱之一，在政府促进经济快速增长战略中被列为优先发展的产业。根据塞内加尔全国雇主协会和国际旅游组织的调查，旅游业对塞内加尔国内生产总值的贡献排在第三位，是仅次于渔业的第二大创汇产业。2016年塞内加尔旅游业收入3000亿西非法郎，2017年收入4820亿西非法郎。2018年，旅游业占塞内加尔国内生产总值的6%，提供近10万个工作岗位。

1966年，塞内加尔开始提倡大力发展旅游业，旅游业成为一种产业部门。20世纪70年代起，作为国家优先发展的部门，旅游业进入了快速发展时期。迪乌夫政府强调，要充分利用海滩和阳光这两大优势发展旅游业，努力把塞内加尔建设成为"人们到撒哈拉以南非洲旅游的第一站"。2002年，瓦德政府提出，争取到2010年（后改到2015年）将国际游客数量提升到每年150万人，主要依靠海滨假日市场带动旅游业的发展。2007年，塞内加尔将旅游业增值税从18%降至10%，并对欧盟成员国免签以吸引游客。

塞内加尔有700多公里的海岸线，海滨是最吸引游客的地方，加之日照时间长（全年日照时间300多天）、时差相同或相近等因素，颇受欧洲人青睐，特别是法国人。塞内加尔也有一些自然和文化景观吸引游客。到目前为止，塞内加尔有7处景观被联合国教科文组织列入《世界遗产名录》，包括五处文化景观，即戈雷岛（1978年）、圣路易（2000年）、塞内冈比亚石圈（2006年）、萨卢姆三角洲（2011年）和巴萨利国（2012年）；两处自然景观，即尼奥科罗—科巴国家公园（1981年）、朱贾国家鸟类保护区（1981年）。每年12月至次年2月为塞内加尔的旅游旺季。

塞内加尔接待的游客人数逐年增加，2009年为81万人，2016年为150万人，2019年达到170万人。萨勒政府在其制订的"塞内加尔振兴计划"中提出了雄心勃勃的目标：争取到2023年，塞内加尔接待的游客数量达到300万人，2025年达到500万人。

外国游客主要来自法国、西班牙、意大利、比利时、美国、瑞士、德国及其他非洲国家。到塞内加尔的国际游客数量约占西非经济货币联盟国家接待国际游客总数的三分之一。

2020年新冠肺炎病毒全球大流行，使塞内加尔旅游业陷入瘫痪。塞政府采取了许多措施支持旅游业，如推迟征收酒店经营者的税收、推迟社会保障期限、延期还贷等。

二　自然和文化景观

1. 海滨旅游资源

海滨资源是塞内加尔最具特色的自然景观旅游资源，年度最佳季节是12月至次年2月。塞内加尔拥有漫长的海岸线，分为三种类型：沙质海岸、岩质海岸和沼泽海岸。每种海岸都有其独特的海滨风光。从圣路易到桑给巴尔角为沙质海岸，占整个海岸的76%。这里的沙滩平缓，沙质细软清洁，岸上椰林掩映，是海滨度假胜地。佛得角半岛为岩质海岸，千姿百态的岩石耸立海边，是观海、游憩的绝佳之地。沼泽海岸主要分布在萨卢姆与卡萨芒斯河口附近，这里遍布水网沼泽，有鸟禽麋集，素有"水禽王国"之称。塞内加尔拥有充足的阳光，符合欧美旅游者理想中的"3S"，即阳光（sun）、沙滩（sand）和海水（sea）。旅游部门成立了多个俱乐部，专门从事海滨旅游开发，有效地利用海滨资源，拓展达喀尔、圣路易等海滨城市之外的海滨旅游资源。萨丽位于达喀尔南69公里处，1984年作为海滨度假地开始开发，现已成为西非地区最大的海滨度假胜地。

2. 玫瑰湖

玫瑰湖是位于塞内加尔首都达喀尔30多公里的咸水湖，又叫雷特巴湖。湖中有嗜极菌，这种生活在各种极端恶劣环境下的喜盐生物在盐分浓度高达每升水含80—300克盐的盐湖中旺盛生长。是这些奇异的生物赋予了玫瑰湖以绮丽的颜色。玫瑰湖与外界没有水源相通，湖水不涨不落，当地居民每天都从湖中捞盐。玫瑰湖曾是世界顶级赛事、世界上规模最大的洲际拉力赛巴黎—达喀尔汽车拉力赛的终点站。车手们从巴黎出发，穿越撒哈拉沙漠，历经千难万险，到达终点达喀尔。主办方把最后一个只有10多公里的赛段放在达喀尔北侧海岸，终点是玫瑰湖，赛车在沙滩上奔驰，画面颇为壮观。赛后在玫瑰湖畔举行颁奖仪式。受恐怖主义活动的影响，达喀尔拉力赛离开了达喀尔。

3. 尼奥科罗—科巴国家公园

尼奥科罗—科巴国家公园位于塞内加尔东方行政区与卡萨芒斯之间的冈比亚河畔，面积9130平方公里，是西非面积最大的自然保护区之一。公园里有长廊森林、易被洪水淹没的草原、池塘、灌木丛、岩石斜坡和丘陵，整个地区表层土壤是红土和覆盖在寒武纪砂岩河床上面的沉积物，冈比亚河及其两条支流穿公园而过。这里多样的地形、湿润温和的气候非常适合动植物的生存和繁衍。植物种类达1500多种。这里的海边森林和热带草原栖息着种类繁多的野生动物。公园中约有70种哺乳动物、329种鸟类、36种爬行类动物、20多种两栖类动物、60种鱼类以及大量无脊椎动物。食肉动物有猎豹、狮子、野狗，还有野牛、弯角羚、德比羚羊、狒狒、绿猴、赤猴、疣猴。这里有尼罗河鳄鱼、长吻鳄、侏儒鳄。乌龟、河马常在公园内的三大河流中出没。公园还是长颈鹿和大象的避难所。由400多头非洲象组成的非洲数量最稳定的象群在这里自由活动，大约有150只黑猩猩生活在公园的河谷森林和山上。鸟类有大鸨、陆地犀鸟、尖翅雁、白脸树鸭、战雕、短尾雕。1926年设立狩猎保护区，1951年成为森林保护区，1953年4月19日设立动物保护区，1954年成为国家公园。1981年，联合国教科文组织将尼奥科罗—科巴国家公园列入《世界自然遗产名录》。世界遗产委员会的评价是：尼奥科罗—科巴国家公园位于冈比亚河沿岸的湿地地区，茂密的森林和热带草原滋养了种类繁多的野生动物，这些动物中有世界上最大的羚羊——德比羚羊、黑猩猩、狮子、猎豹以及美丽的鸟类，还有爬行动物和两栖动物。公园里设有宿营地和旅游村供游客休息。禁止游客步行参观。

4. 朱贾国家鸟类保护区

朱贾国家鸟类保护区位于塞内加尔北部的塞内加尔河三角洲，距离圣路易60多公里，面积160平方公里，1971年设保护区，保护区内生活着359种鸟，包括白鹈鹕、紫鹭（紫苍鹭）、非洲篦鹭、巨型白鹭、鸬鹚、火烈鸟、丹顶鹤，被称为世界第三大鸟类自然保护区。1981年，联合国教科文组织世界遗产委员会将它列入《世界自然遗产名录》。朱贾地区对鸟类极为重要，是西非地区迁徙鸟类主要保护区之一，也是候鸟飞越撒哈拉沙漠后到达的第一个淡水供应源地。特别值得一提的是，朱贾国家鸟类保护区距塞内加尔河口很近，处于撒哈拉沙漠南缘。得天独厚的位置为无数由北向南和反方向的迁徙鸟类提供了食宿地，是大量鸟类的中途停留地。从9月到翌年4月，估计有300万只迁徙的鸟途经此地，约有5000只鹈鹕常年筑巢于此，还有白脸树鸭、褐树鸭、尖翅雁、紫苍鹭、夜鹭、白鹭、非洲镖鲈、白胸鸬鹚、苏丹大鸭。哺乳动物有疣猪、非洲海牛。该地区还陆续成功引进了几种鳄鱼和羚羊。公园中的大水塘是一处真正安宁的绿洲。1971年4月14日，设立鸟类保护区，1980年被确定为具有国际意义的湿地，1981年被列入《世界遗产名录》。每年11月至翌年6月向游客开放。

5. 巴尔巴里国家公园

巴尔巴里国家公园是塞内加尔的六个国家公园之一，位于大西洋和塞内加尔河交汇处，是鸟禽和海龟的乐园。每年4月至10月，成千上万的候鸟在这里筑巢。在这里，游客可以看到火烈鸟、鹈鹕、鸬鹚、苍鹭、小白鹭、带刺的田凫、吹哨的天鹅、燕鸥、海鸥，公园面积约为20平方公里，1976年设保护区。公园在大西洋和塞内加尔河之间绵延15公里，宽度从几百米到一公里，面向大海一侧是木麻黄树固定沙丘，另一侧沙滩是海龟的产卵地。游客可以从圣路易乘船出发到达这里。2003年10月，政府担心圣路易发生洪水，在距离圣路易7公里处挖开一个口子，导致环境破坏。巴尔巴里公园所处的长条地带被一分为二，缺口如今已达到几公里。

6. 萨卢姆三角洲国家公园

萨卢姆三角洲国家公园位于塞内加尔西部、萨卢姆河口地带，由三条河流的支流组成，面积760平方公里，拥有大量红树林，在河口两旁及岛屿周围海潮所及之处长满红树林。红树林是热带海滨灌丛式植被，有密集的树冠，螺旋状树根扎在松软的泥土中，对维持生态平衡至关重要。这里布满小岛、沙丘和沼泽，是观赏红树林的绝佳之地。这里是皇家燕鸥（Thalasseus maximus）的繁殖地，但也有小火烈鸟、灰鹈鹕、歌利亚苍鹭、细嘴鸥、灰头鸥和里海燕鸥、白喉白鹭和数千只古䴘鹈。鱼类有114种，就鱼类多样性而言，它是世界排名第6的河口。这里有35种大中型动物，哺乳动物很少见，有疣猪、斑点鬣狗（crocuta crocuta）、丛林羚（tragelaphus scriptus），尤其是赤猴、红疣猴（procolobus badius），是绿海龟（chelonia mydas）、海牛和苏萨海豚的重要繁殖地。除了众多小岛和红树林外,这里还有218个贝丘,其中一些长达数百米,那是数千年来人类活动的结果。在这些贝丘上,有28个坟墓,在那里发现了文物。1976年设立萨卢姆三角洲国家公园,1980年被联合国教科文组织列为生物圈保护区,1984年因其湿地的重要性而被列为拉姆萨尔湿地,2011年被列入《世界文化遗产名录》。

7. 马德莱娜国家公园

马德莱娜国家公园坐落于达喀尔以西约4公里的马德莱娜群岛(lles de la Madeleine),它只有两个岛,一大一小,总面积0.45平方公里,可能是世界上最小的国家公园。它创立于1976年,园内有各种海鸟,也有史前遗迹,考古学家在岛上发现两座史前遗址和陶器碎片。孤悬于海上,峭壁环绕,东面悬崖高达35米,这里有斑乌鸦、黑鸢、鸬鹚、红嘴热带鸟、凤头云雀、游隼、鸬鹚、苏拉、燕鸥。2005年11月,塞内加尔向联合国教科文组织提交了将马德莱娜国家公园列入《世界遗产名录》的申请。

8. 戈雷岛奴隶堡

戈雷岛是欧洲人在西非开拓的最早的殖民点之一,曾是大西洋上的奴隶贸易中心。岛上的奴隶屋是塞内加尔最著名的历史遗迹,是奴隶贸易的铁证,也是塞内加尔最吸引游客的旅游景点,1978年被列入《世界文化遗产名录》。戈雷岛距达喀尔南侧海岸约3.5公里,面积仅有0.27平方公里。1444年,葡萄牙人第一次来到这座无人岛,因为岛上有很多棕榈树,所以称该岛为"棕榈树岛"(île de Palma)。1617年,荷兰人从葡萄牙人手中夺取小岛,更名为"戈雷岛",意为"好的锚地"。后来,又先后落入法国和英国殖民者之手。1776年,奴隶贩子在岛上修建了第一座"奴隶屋",作为关押和转运黑奴的"仓库"和"码头"。岛上的"奴隶屋"是一座不大的院落,院内有栋两层楼房,一层是十几个关押奴隶的小房间,院子的后门外就是大海,奴隶从那里上船被送向远方,它被人们称为"不归门"。

二层是奴隶贩子的住所，结构简单实用，是斯堪的纳维亚式的风格。中间是大厅，厅前是4根柱子支撑的长廊，长廊的两端是镶着宽大窗子的耳房。现在的二楼是介绍贩奴历史的展厅，展柜里摆放了用来束缚奴隶的手铐和脚镣。戈雷岛上曾有很多关押奴隶的屋子，现在唯一保存下来的这个奴隶屋当年的主人是叫 Anna Colas Pépin 的法非混血女人，她用自己的船只参与奴隶运输。奴隶贩子在西非捕捉黑人，然后把他们集中在这里等待出售或转运。奴隶们按男子、女子、儿童关在不同的屋内。一楼还专设一小间用来惩戒犯错误奴隶的小黑屋，那是一个人无法站立进入的屋子。塞内加尔独立后，政府十分重视戈雷岛的独特教育价值，专门成立了"保护戈雷岛国际协会"，1962年将奴隶屋改造为纪念馆。1978年，联合国教科文组织世界遗产委员会将戈雷岛列入首批《世界遗产名录》。多名外国领导人参观过戈雷岛的奴隶屋，包括南非原总统曼德拉，美国前总统克林顿、小布什、奥巴马以及罗马天主教皇让·保罗二世。

9. 圣路易岛

圣路易位于塞内加尔北部、塞内加尔河入口处，是塞第三大城市和第二大港口，距离首都达喀尔270公里。整齐的城市布局、秩序井然的码头和殖民地风格的建筑使其具有独特的魅力，2000年被列入《世界文化遗产名录》。圣路易由法国人建立，1659年以法国国王路易十四的名字命名为圣路易。圣路易最初是作为法国在非洲的殖民地而发展起来的，是法国在塞内加尔的第一个固定殖民点。18世纪的圣路易是一个活跃的港口和重要的商业中心区（包括奴隶交易）。这一时期，在圣路易可以看到非洲人、欧洲人和许多欧亚混血儿，种族之间的通婚很常见，甚至成为圣路易的传统。圣路易的建筑富有浓郁的殖民地风格。殖民地时代的总督府是一座建于18世纪的城堡。城堡南北两边房屋的历史都可以追溯到殖民地时代，且完好地保留着木制的阳台和精美的铁制围栏。2000年，联合国教科文组织世界遗产委员会根据文化遗产遴选标准，将其列入《世界遗产名录》。

世界遗产委员会公布入选的理由是：圣路易历史古城是西非教育和文化、建筑、手工艺和服务等相互交流和彼此影响的重要枢纽，它是一座在当地独特自然环境下发展起来的典型的殖民地城市，展现了该地区殖民统治的发展历史。它在整个西非的文化和经济发展方面扮演着重要的角色。

10. 首都达喀尔

塞内加尔首都达喀尔是海滨城市，三面环海，风光秀丽，气候宜人。自1902年成为法属西非殖民地的首府之后，法国在这里留下了许多殖民主义的建筑：广场周围的战争纪念碑、商务部和法院（后成为塞内加尔外交部所在地）。1929年建设的天主教堂混合了清真寺和拜占庭的建筑风格。1907年建设的总统府是一栋雄伟的白色豪宅。西奥多·莫诺非洲艺术博物馆（Musee Theodore Monod d'Art Africain），建于1931—1932年间，前身是法属西非行政长官署（Administration generale de l'AOF），西奥多·莫诺是法国自然历史博物馆的教授和法兰西院士，他创立了法国撒哈拉以南非洲研究所。另外，自1885年建成的达喀尔火车于2018年修复后投入使用。这些都是达喀尔值得欣赏的人文景观。在达喀尔的西北部并列着两个圆形山头，形似少女的两个乳房，故被称为"乳峰山"。其中一个山头上矗立着1864年建造的灯塔，为过往大西洋的船只指引航向。登上塔台鸟瞰，达喀尔的全景尽收眼底。在另一座山上是高53米的"非洲复兴"铜像，铜像于2010年塞内加尔独立50周年时落成，重2.2万吨。铜像由一对夫妇和一个孩童组成，象征从蒙昧走向光明的非洲。该建筑由一位罗马尼亚雕塑师设计，朝鲜建造，整个工程耗时34个月，耗资2150万美元。建成后的铜像成为市区内标志性建筑和西非的代表性象征。

11. 穆斯林圣城图巴

图巴是塞内加尔著名的伊斯兰教圣地之一，位于塞内加尔西部，距离达喀尔194公里，人口2万人。规模宏伟的图巴清真寺位于市中心，是塞内

在这里开始定居生活。11—19 世纪，他们先后来到这里定居，是塞内加尔的少数民族。在巴萨利国，人不过是环境的一个组成部分，由此衍生的故事、歌曲、面具、节日、割礼仪式和禁忌使这一文化景观充满活力。在按年龄分组的传统社会中，巴萨利和贝迪克人自儿童时代就受到传统文化的熏陶。他们从一个年龄组过渡到另一个年龄组时，早就接受了传承的理念并参与组织各种节日活动，从而对脆弱的环境及村落共同体的幸福怀有高度的责任心。在众多舞蹈和仪式中，巴萨利人、贝迪克人和富拉人的传统文化艺术财富表现在不同年龄组的服饰上。他们的音乐享誉整个地区，其节奏和声音同样令外国音乐家着迷。每年 4—6 月旱季临近结束时举办的各种仪式，吸引了世界各地成千上万的游客来此见证富有生命力的文化传统。

第六节　财政与外国投资

第二次世界大战以后，法国在西非殖民地确立了西非地区的统一货币——非洲金融共同体法郎，简称西非法郎（FCFA），与法国法郎挂钩。塞内加尔独立后，依然留在法郎区。非洲的法郎区包括西非 8 国、中非 6 国和科摩罗。西非法郎作为塞内加尔的货币，由西非国家中央银行发行。西非法郎一直由法国央行和国库担保。法国法郎与西非法郎的比价固定，即 1 法郎 =50 西非法郎。

20 世纪 80 年代中期以来，非洲法郎汇率偏高，使法郎区国家出口商品的竞争力下降，法国对法郎区国家的援助负担日益加重。世界银行与国际货币基金组织以终止财政援助计划相要挟，迫使非洲法郎区 14 国首脑于 1994 年 1 月 12 日在达喀尔宣布，非洲法郎贬值 50%，使西非法郎对法国法郎的实际比价变成 100∶1，从而使西非法郎在流通 46 年之后大幅度贬值。西非法郎的贬值虽然在改善对外贸易状况等方面起到了积极作用，但也带来了通货膨胀、进口商品价格上涨、债务负担加重等问题。

1999年1月1日，欧洲单一货币正式发行，法郎区各国财政部部长一致呼吁法郎区的运转机制保持不变。2002年1月1日，欧元自动成为非洲法郎的担保货币，非洲法郎对欧元的固定比值是656∶1。法国与法郎区国家以往所达成的协议维持不变，法国将继续保证非洲法郎与欧元的无限制兑换。非洲法郎对欧元实行固定汇率制会对法郎区国家包括塞内加尔的经济产生一些积极影响，有利于吸引更多的欧盟国家企业到法郎区国家投资，但是非洲法郎与欧元的固定汇率也将导致非洲法郎区国家在政府预算、宏观经济政策的统一和达标等诸多方面受欧盟左右。

塞内加尔政府财政收入可分为两部分：一是一般收入，包括进口税、所得税、营业税，其中进口税为大宗，占一般收入的40%；二是特殊收入，即借贷和援款。财政支出由两大项构成：一是行政支出，其中行政费用占大部分，其次是国民教育和国防开支；二是建设支出，主要是用于社会经济发展计划的公共投资。

1993年8月，政府开始实行国家财政稳定政策，并在整个结构调整期认真执行此项政策，从而使国家财政状况明显好转，国家财政收入有所增加，财政收入在国内生产总值中所占比重由1994年的14.9%提高到1997年的16.9%，财政支出占国内生产总值的比重由1994年的15.8%降至1997年的12.4%，下降了3.4个百分点。随着财政收入的增加以及财政支出的控制，预算赤字占国内生产总值的比重由1994年的9.9%到1997年出现财政盈余。

瓦德执政时期，实行财政紧缩政策，减少公共开支，努力扩大税源，如增收新关税、提高货物附加值税等，保证财政收支平衡。因此，政府财政基本稳定。截至2015年，塞内加尔外汇储备为20.99亿美元，外债总额约为57.33亿美元。塞内加尔于2000年被国际货币基金组织列入重债穷国减债计划，2003年达到减债计划完成点，并于2006年被列入多边减债计划。

塞内加尔长期接受国外的援助，外援对平衡塞内加尔内外财政起到了关键性作用。但是，外援在逐年减少。1997年，官方发展援助（ODA）及其他官方和私人援助为5.661亿美元，2001年下降到4.189亿美元。同期得到的捐赠款也在减少。1999年为援助的最高峰，此后开始减少。法国是援助资金最多的国家。世界银行是历史上对塞内加尔援助最大的赞助者。

塞内加尔实行开放政策，一直重视吸引外资。1987年，该国设立对外商一条龙服务的"单一窗口"，规定外商投资的一切行政手续须在10天内办完。随后，政府又决定成立"塞内加尔投资和出口促进局"，它是一个介于政府和投资者之间的中介机构，作用是为投资者提供一切必要的信息与服务，帮助外商在塞内加尔顺利立足。政府还制定了投资优惠政策，对外商投资领域不设任何限制，并在税收、外汇、用工制度等方面提供优惠政策。凡投资额在500万西非法郎（相当于当时的5万法国法郎）、当地雇员在3人以上的外资企业均可享受有关外企的优惠待遇，当地资源利用率达到65%的企业即可免交营业税。

塞内加尔投资法规为境内已核定的国外投资提供各种便利条件和优惠，主要有：投资者可自由汇出本金及利润，对外籍劳工的雇用没有限制；投资计划中必需的机器等设备免征进口关税，执行阶段提供税务优惠；对在落后地区开办中小企业、发展新科技和在达喀尔以外地区开办企业的投资者提供优惠税率；对80%产品外销的工业或农业，其设备全部免关税及海关印花税，免所得税、贸易执照税、地价税及其他相关的登记印花税等。公司税固定为15%。

政府制定的资本输出输入政策对同法国、摩纳哥和业务账户国家之间的资本流动不受外汇管理限制，对所有其他国家的资本转移必须经财政经济计划部的批准，但从上述国家接收资本可以自由办理。

从1985年起，政府就将基础设施建设、教育、卫生、农业、新资讯技术、环保、能源开发、政府优良管理、发展私人经济、开发先进国家市场作为政府十大工作，其中基础设施建设属于重中之重。政府希望得到国际组织的全力支持，同时鼓励外国公司对这些项目进行投资，也鼓励外国公司出资进行磷矿、金矿、铁矿、天然气、大理石、石油等资源开发或参与企业私有化进程。于是，外国直接投资流入量有所增长，1985—1995年外国直接投资金额年均为1500万美元，2003年上升至7800万美元。根据联合国贸发会议的报告，2020年，塞内加尔获得外来直接投资从2019年的11亿美元增长到15亿美元，增幅为36%，在非洲大陆排名第五。到2020年底，外国直接投资的总存量为87亿美元。

法国巴黎银行分析，2014年起，塞内加尔振兴计划推动更多外国投资进入基础设施、供电、农业、饮用水和医疗领域。塞内加尔石油的开发也吸引了大量外资。法国仍是塞内加尔最大的投资者，而中国、土耳其和阿联酋的投资大大增加，其他投资者有摩洛哥、印度尼西亚和美国。塞内加尔吸引投资的优势包括生产成本低、有熟练劳动力、战略地理位置、良好的国际和地区政治关系、有竞争力的经济。可能阻碍投资的障碍是经济脆弱、经济活动缺乏多样性、基础设施不发达、监管效率低下、不透明、官僚主义等。

政府为了吸引外资并赚取外汇，于1974年建立了达喀尔自由工业区。该工业区占地650公顷，位于达喀尔市近郊，距达喀尔市中心18公里。区内分设海关、宪兵队、劳工局、消防队、邮电、银行和保险等管理和服务机构，并自成体系。工业区隶属于法郎区，区内的企业可以享受免税待遇。然而，自由工业区设立25年来，前来投资的厂家仅十余家，与当初设立自由区时确立的100家企业的目标相去甚远。由于发展一直不景气，达喀尔自由工业区于1999年1月被议会取消。行政手续烦琐，劳动力价格相对较高，距离市区较远以及企业经营环境差等，是达喀尔自由工业区失败的原因。

第七节 交通与电信

一 交通运输

1. 公路

法国殖民者在塞内加尔初步建立了水路、公路和铁路运输网络。独立之后，塞内加尔建立了以达喀尔为中心的连接全国各地的陆路交通网。1986年，政府提出暂时中止所有新的道路建设，集中资金修缮已有的公路。塞内加尔成为非洲地区交通较发达的国家之一。2020年12月31日，总统萨勒发表元旦讲话时骄傲地宣布，塞内加尔公路网已进入非洲前十。

公路运输在塞内加尔占主导地位，90%的民众使用公路交通，70%的商品也由公路运输。截至2019年，全国公路总长16665公里，其中三分之一为柏油路，其余为土路。公路网以达喀尔为中心向外扩散，大多数地区都有互相连接、级别不等的公路。

2022年3月26日，塞内加尔总统萨勒为一座中国公司建造的大桥通车剪彩。这就是方久尼大桥，位于法蒂克区，横跨萨卢姆河，是连接南北方干道的重要工程。大桥全长1600米，成为塞内加尔最大的和最长的桥梁。大桥是中国政府援外优惠贷款项目，是"塞内加尔振兴计划"中的优先重大项目，中铁七局武汉公司历时3年施工建造。

2. 铁路

塞内加尔曾经有很像样的铁路。1885年，法国殖民者建造达喀尔—圣路易铁路（263公里）投入运行，这是西非的第一条铁路。塞内加尔的铁路总长曾达1300公里，但由于铁路老化，年久失修，逐步衰落，已完全停运。目前运行的只有一条2021年底投入运营的短途客运列车线路，连接达喀尔和Diamniadio。这是一条电气化列车线路，全线长28公里。线路二期将延长至新机场Blaise Diagne。

塞内加尔最长的铁路线连接达喀尔和马里首都巴马科，全长1287公里，其中646公里在塞内加尔境内。这条铁路是法国殖民者于19世纪末20世纪初建造的，法国人的初衷是运送军队和当地自然资源。2015年，中国铁建股份有限公司与马里和塞内加尔政府分别签署协议，将对达喀尔—巴马科铁路实施改造，总投资约27.5亿美元。其中，中国铁建国际集团有限公司与塞内加尔国家铁路局签署了合同，对达喀尔—巴马科铁路塞内加尔段进行改造，合同金额约7540亿非洲法郎（12.5亿美元）。2016年，塞内加尔分管铁路的国务秘书向媒体透露，政府计划投资13900亿非洲法郎（21.2亿欧元），改造或新建1520公里铁路，包括新建一条从南部通往巴马科的铁路。2019年末，塞内加尔总统萨勒在发表元旦讲话时承诺，塞内加尔和马里将修复达喀尔—巴马科铁路，并进行现代化改造。

3. 水上交通

达喀尔港是西非重要门户，是非洲地区乃至国际海运的中转站，是西非第二大港，仅次于阿比让港。达喀尔港是天然深水良港，有现代化的大型港口设施，境内及对非洲与欧洲的货运往来频繁。航线有达喀尔至北欧、西欧、地中海、美国西海岸、纽约、休斯敦、曼谷、中国香港和西非各主要港口。此外，塞内加尔还有圣路易港和济金绍尔港。

塞内加尔有3条内河航运河流，即塞内加尔河、萨卢姆河和卡萨芒斯河,其中最重要的是塞内加尔河。该河全年通航距离为220公里,汛期可通航924公里,一年中有3个月可通航到马里的卡伊(Kayes),有6个月可通航到毛里塔尼亚的卡埃迪(Kaedi),全年可通航到罗索(Rosso)和波多尔(Podor)。

冈比亚横在塞内加尔腹部,将卡萨芒斯地区与塞内加尔北部隔开,进出卡萨芒斯可走陆路和水路,水路是连接达喀尔和卡萨芒斯首府济金绍尔的航运。2002年9月26日,"乔拉号"客轮从济金绍尔前往达喀尔,途中遇暴风雨,在冈比亚附近海域倾覆。根据官方的统计,事故导致1863人死亡,超过泰坦尼克号造成的死亡人数,只有64人生还。

4. 空中运输

过去,进出塞内加尔的国际机场是列奥波尔德·塞达·桑戈尔机场,就在达喀尔。2017年12月,勃莱兹·迪亚涅国际机场(Blaise Diagne International Airport)投入使用,将达喀尔机场改为军用机场。新机场距离达喀尔50公里,2007年奠基,耗资4240亿西非法郎(6.46亿欧元)。

1999年,塞内加尔航空公司曾与摩洛哥皇家航空公司以股权合作方式组建塞内加尔国际航空公司。2003年,塞航被评为非洲最佳航空公司。后因债务运营困难,塞政府终止同摩航合作,2010年与阿联酋航空公司合作组建新的国营航空公司。

二 电信

塞内加尔拥有比较完善的电信设施,是非洲信息化程度较高的国家之一。从1997年起,塞内加尔国家电信公司(SONATEL)实行部分私有化。政府将公司三分之一的股份出售给法国电信公司。2009年,法国公司在塞内加尔国家电信公司的股份增加到52.2%。私有化使公司业务迅速发展,尤其是移动电话市场。SONATEL还将业务扩展到了邻国马里、几内亚、几内亚比绍以及塞拉利昂。2021 年，该公司拥有 3830 万个用户，营业额为 13350 亿西非法郎。

第八节 对外贸易

塞内加尔尚未实现粮食自给，工业基础薄弱，国计民生及日用消费品大部分依靠进口，对外部市场的严重依赖是塞内加尔经济的一个重要特点。2020 年，对外贸易在塞内加尔国内生产总值的占比为 59.3%。

塞内加尔主要出口渔业产品、花生、磷酸盐和棉花等，进口粮食、原油、机电和日用品等。塞内加尔的产品不仅可以在西非及其他非洲国家自由销售，也可以自由销往欧洲市场，不受配额限制。在对外贸易活动中，塞内加尔的商品除可以享受欧美等发达国家给予的普惠制外，还享受不同程度的减免税待遇。塞内加尔是西非国家经济共同体成员国（共有 15 个成员），与多个国家签订了贸易协定，包括欧盟、美国、瑞士、韩国、日本和澳大利亚。中国已成为塞内加尔重要的合作伙伴。

塞内加尔实行贸易进口自由化政策，但外汇管制严格。1984 年，塞政府在对外贸易上实行了一系列新政策，取消关税保护，让各种产品包括进口产品在市场上自由竞争，对大部分产品取消配额和许可证限制，简化进口手续，降低进口关税。除药品外，其他商品不需要进口许可证，只需申请外汇许可。对某些商品如浴巾、拖鞋、蜡烛等，征收从量税或从价税来限制进口，以保护当地的民族工业。对粮食等有关国计民生的大宗产品，塞内加尔采取垄断方式控制进口。绝大部分的日用消费品、轻纺产品、机电产品等，均可由私人自由进口。政府还利用国际银行的贷款，通过招标的方式进口大型机械设备，对这部分产品不征收进口税。塞内加尔是西非

塞内加尔

国家经济共同体的成员,成员国之间实行关税互惠,对来自共同体其他成员国的商品免除海关税。

塞内加尔对外贸易最突出的特点是逆差。1994年非洲法郎贬值之前,由于西非法郎估价过高,刺激了进口,限制了出口,因此外贸逆差长期存在。西非法郎贬值后,又由于过度依赖进口维持国计民生,外贸逆差仍然长期存在。2021年,塞内加尔对外贸易总额为14.9亿美元,其中出口额52亿美元,进口额97亿美元,贸易逆差45亿美元。随着海上石油的开发,塞内加尔有望逐步减少贸易赤字。

为了减少贸易逆差,促进民族经济发展,塞内加尔改变了过分依赖花生产品出口的做法,努力增加出口产品种类。2020年,塞内加尔的主要出口产品是黄金(18.7%)、石油(15.6%)、冷冻鱼(7.6%)、五氧化二磷(6.7%)和花生(5%),主要进口产品有石油(20.4%)、大米(5.5%)和药品(3.4%)。

2020年,主要出口目的地是马里(占塞出口额的21%)、瑞士(12.4%)、印度(7.6%)、中国(6.7%)、澳大利亚(5.4%)、科特迪瓦(4.9%)、几内亚(3.8%)、西班牙(3.2%)、美国(3%)和冈比亚(2.9%),进口产品主要来自法国(占塞进口额的15.7%)、中国(9.2%)、荷兰(6.2%)、比利时(6%)、尼日利亚(5.7%)、西班牙(5.1%)、俄罗斯(4.5%)、印度(4.3%)、土耳其(3.6%)和阿联酋(2.8%)。

? 思考题

1. 塞内加尔经济有哪些支柱产业?
2. 塞内加尔经济为何能在西非地区处于领先地位?
3. 为何旅游业在塞内加尔经济中举足轻重?

第五章 对外关系

塞内加尔

第一节 外交特点与政策演变

塞内加尔奉行开放和不结盟政策，认为国际关系民主化和多元化是世界稳定的重要因素，主张维护非洲团结，推动地区合作、非洲经济一体化及南北对话、南南合作和建立国际政治经济新秩序。由于历史原因，塞内加尔与法国保持着特殊关系，但也热衷发展同美国的关系。2005年与中国复交后，两国关系发展迅速。塞内加尔重视发展同邻国和阿拉伯国家的关系，积极参与国际和地区事务，同约120个国家建立了外交关系。

塞内加尔政府在处理外交事务中坚持维护国家主权独立的民族主义原则。历届政府的外交目标主要有两个内容，一是与西方国家尤其是法国、美国保持密切关系。桑戈尔曾提出塞内加尔最主要的外交目标是在欧洲和非洲之间保持持久的联系。坚持这一目标，可以使塞内加尔从西方国家得到政治与经济上的帮助，从而确保其经济和政治的稳定与发展，同时保证塞内加尔在萨赫勒地区和法语西非国家事务中起主导作用。二是致力于维护国际社会和地区的和平与稳定，支持不结盟与南南合作。塞内加尔无论在国家领土面积方面，还是经济发展水平方面，都算是小国，但在国际社会却赢得较高声望，以至多个塞内加尔领导人都曾被邀请担当国际事务问题的调解人，尤其是西方国家与非洲国家及非洲国家之间的调解人。

20世纪70年代中期以后，桑戈尔在主要依靠法国的同时，开展多边外交。桑戈尔政府宣布，其外交政策的基本原则是尊重各国的独立、主权、领土完整和安全，不干涉别国内政，反对殖民主义、霸权主义，主张非洲团结统一和区域性合作。根据这一原则，桑戈尔政府制定的外交政策的特点是不结盟、对话和合作。

不结盟是指塞内加尔在联合国中对国际事务的是非曲直保持独立的看法和投票权，从而确保塞内加尔作为独立国家的主权地位，而无须顾及同法国密切的文化和经济关系。不结盟还意味着同世界所有国家建立友好关系。例如，在冷战时期，塞内加尔努力避免使自己成为美、苏两个超级大国争斗的牺牲品。苏联入侵阿富汗之后，塞内加尔政府一方面谴责苏联的入侵，另一方面又拒绝跟随美国抵制1980年莫斯科奥运会。

如果不结盟主要是针对抵制西方国家主宰国际事务和发展中国家事务而确立的外交政策，对话则是指导塞内加尔处理非洲大陆地区事务的外交政策。桑戈尔主张非洲的一切问题与矛盾都要在对话而不是对抗的基础上解决，认为对话是解决国内外一切政治问题唯一有效的方法。

关于合作，桑戈尔政府主张所有国家都要合理互惠，彼此不干涉内部事务，故合作是基于不干涉内政的原则。1971年塞内加尔投票赞成恢复中华人民共和国在联合国的一切合法权利时，就采取了这一原则。合作也包含着谈判及反对使用武力的原则。

迪乌夫时期，塞内加尔继续奉行不结盟政策，坚持民族自主、不干涉内政和反对霸权主义原则；主张非洲团结统一，支持民族解放运动；主张"欧洲非洲合作"；反对大国干涉非洲事务，谋求南北对话和南南合作，建立国际经济新秩序；主张国与国之间相互信任、相互谅解。另外，更加重视外交为发展服务，谋求合作伙伴多样化。

瓦德执政后，除继承前两任总统基本外交政策之外，更强调非洲国家之间的团结合作。他积极倡议、设计和推动实施"非洲发展新伙伴计划"（NEPAD），进一步推动全方位外交，在与法国保持良好关系的同时，特别重视与美国和英国的关系。

萨勒任总统后，塞内加尔继续保持与法国和美国密切关系的政策，通过美国非洲司令部（AFRICOM）与美国及周边国家进行军事合作。同时，萨勒认为，塞内加尔与中国的合作比西方国家更直接、更快，而塞内加尔的发展正需要速度。萨勒政府回归外交传统，修复与法国的优先关系以获取法国的资助，保持塞内加尔在国际事务中的好名声，即良政和反腐。同时，修复与邻国的友好关系。萨勒也注重发展与阿拉伯国家的关系，从科威特那里获得80亿美元的贷款。

塞内加尔支持联合国对国际重大事务的处理决定，积极参加联合国在海地、刚果民主共和国、波斯尼亚和黑塞哥维那的维和行动。2004年4月，塞内加尔少将阿卜杜拉耶·法勒被任命为联合国驻科特迪瓦维和部队司令。塞内加尔支持联合国的机构改革，主张联合国安理会增加非洲名额。

关于中东问题，塞内加尔支持阿拉伯国家和巴勒斯坦人民反对以色列侵略扩张的斗争，承认巴勒斯坦人民有建立国家的权利，也承认以色列是独立主权国家，主张阿以对话，和平解决中东问题。塞内加尔曾于1973年与以色列断交，于1994年8月与以色列复交。

在非洲地区事务方面，塞内加尔支持非洲各国人民的正义斗争，维护非洲的团结和统一，反对超级大国和一切外来势力干涉非洲事务，提倡用对话的方式和平解决争端，反对用武力解决非洲冲突；支持建立非洲预防冲突机制和紧急人道主义干预机构，以解决非洲冲突和提高非洲维和能力；主张国际社会支持非洲国家和人民依靠自身力量维护和平与稳定的努力，同时提供必要的帮助；认为非洲国家只有联合起来才能加速发展，只有实现一体化才能提高外商投资的兴趣。

在2001年7月举行的非统第37届首脑会议上，塞内加尔提出的"欧米茄计划"和南非、尼日利亚及阿尔及利亚三国提出的"非洲千年复兴计划"一起形成"非洲发展新伙伴计划"（NEPAD）。该计划旨在团结非洲国家的力量，集中过去各自分散的资源，共同发展经济，使非洲国家在全球化经济不断发展的新形势下消除贫困，实现可持续发展，扭转非洲在经济全球化进程中被边缘化的局面，联合自强，紧密合作，努力追赶世界发展的潮流，实现非洲的复兴。

2008年，南非、阿尔及利亚、埃及、尼日利亚和塞内加尔五国首脑及"非洲发展新伙伴计划"的倡议者一致同意将"非洲发展新伙伴计划"并加尔最大的清真寺，创建人是穆里德教派的领袖阿马杜·邦巴。1927年邦巴逝世后，遵其遗愿，由塞内加尔建筑师设计，既按照麦加清真寺的样式，又借鉴现代建筑的成果，建成图巴清真寺。该寺呈长方形，长96米，宽62米，高86米。清真寺的中央是邦巴墓，墓堂外的大厅金碧辉煌，庄严肃穆。

12. 冈比亚河石圈

在冈比亚河的北岸、塞内加尔和冈比亚边境地区，分布着93个石圈。它们分为四组：两组石圈在塞内加尔境内，分别是恩伽耶纳（Ngayene）和瓦纳尔（Wanar）；两组在冈比亚境内，分别是瓦苏（Wassu）和凯尔巴奇（Kerbatch）。辛恩伽耶纳石圈是最大的，有52个石圈、1102块石头。巨石用铁制工具加工而成，被雕琢成大约7吨重、平均2米高、形状雷同的圆柱或多边形立柱。这些圆柱和立柱围成圆形或椭圆形，石头是火山岩或红土。石圈直径4—6米，有8—14根立柱，每块石头或红土块长2米，重2—7吨。所有立柱均矗立在墓冢附近。根据在现场发现的陶器分析，这些石圈建于公元前3世纪至16世纪之间，在巨石遗址发现的遗骸表明了石圈的墓地功能。发掘中还发现了1—2世纪的陶器、铁器、装饰物。这些石圈可与埃及的金字塔和津巴布韦的石头城相提并论，2006年被列入《世界文化遗产名录》。由于石圈所处的地区偏远，很少有游客问津。

13. 巴萨利国

2012年入选《世界文化遗产名录》的巴萨利国，全名是巴萨利、富拉和贝迪克多元文化景观。它位于塞内加尔东南边陲的山区，与几内亚接壤。该文化景观由三个部分组成：一是西部的巴萨利人村庄，那里有水稻梯田，还有丰富的考古遗址，属于萨雷玛塔行政区（Aire Salemata）；二是中部的贝迪克人村庄，由密集的带有茅草尖顶的小屋组成，属于邦达法希行政区（Aire Bandafassi）；三是南部的富拉人村庄，他们原为游牧民族，入非盟，作为非盟指导并制订经济发展计划的机构。

塞内加尔现为联合国、世界贸易组织、不结盟运动、法语国家组织、伊斯兰合作组织、非洲联盟、西非国家经济共同体、西非经济货币联盟和萨赫勒撒哈拉国家共同体组织成员国。

塞内加尔还积极参与法语国家组织的各项活动，如2013年9月，萨勒总统赴法参加第七届法语国家运动会，并会见奥朗德总统。2021年5月，萨勒总统赴法出席非洲经济体融资峰会等。

第二节 与大国及邻国关系

一 与法国的关系

塞内加尔曾是前法属西非殖民地的中心，与西非其他国家相比，在政治、经济、军事、文化教育各领域受法国的影响最深。塞内加尔被认为是非洲法语国家中最"法国化"的国家。塞内加尔独立当年即与法国建立外交关系，此后一直同法国在政治、经济、军事、文化教育等领域保持着特殊关系。

桑戈尔执政时期，塞内加尔同法国的关系很好。桑戈尔在谴责法国殖民统治毁灭了塞内加尔的传统制度和文化艺术作品的同时，也指出法国为塞内加尔留下了政治、经济、社会、文化基础设施。塞内加尔政府部门有大批法国顾问和专家，1963年留居在塞内加尔的法国人约为4万。在经济方面，塞内加尔绝大部分工业、商业、银行、港口为法国投资或法国人直接经营。法国在欧洲经济共同体及后来的欧盟中以成员国身份帮助塞内加尔将其产品（主要是花生）输入其他欧洲国家。

20世纪70年代中期以后，桑戈尔总统对法国的政策有所转变，要求把塞内加尔对法国的依附关系变为"合作和友谊关系"，提出修改两国合作协定。1974年3月，两国外长重新修订了关于军事、经济、文化方面的协定，法国缩小了在塞内加尔的驻军规模。

1986年希拉克担任法国总统后，仍优先发展与塞内加尔等法语非洲国家的合作关系。法国对塞内加尔的援助从1984年的544亿西非法郎增至20世纪末期的1000亿西非法郎，其中40%是财政捐款。法国援助占塞内加尔外援的三分之一，法国投资占塞内加尔外国直接投资的56%，塞内加尔对法国的贸易额达到其进出口贸易总额的50%。

1990年6月，在法国举行的法非首脑会议上，法国提出其援助将同多党民主化进程挂钩，法国援助的数额将取决于受援国的民主化和尊重人权的状况。由于塞内加尔已开始了多党民主制实践，故两国关系继续平稳向前发展。

法国是塞内加尔最重要的双边发展援助国。2007年以来，法国向塞内加尔提供的资金支持达到20亿欧元。法国开发署在塞内加尔实施的项目有80多个，涉及城市发展、基础设施、可持续能源、饮水卫生、农业、青年培训等领域。2008年，法国向塞内加尔提供1.25亿欧元紧急贷款，帮助塞度过财政危机。2009年，法塞启动"争取发展团结倡议支持计划"。根据该计划，法国在三年内向塞内加尔提供900万欧元，为旅居法国的塞内加尔侨民回国开展经济社会发展项目提供支持和补贴。2016年，法国通过双边、多边渠道共向塞提供援助1.18亿欧元。2018年，法国开发署承诺向"塞内加尔振兴计划"第二阶段提供15亿欧元的资金支持。此外，法国是塞内加尔学生第一大留学目的地，塞内加尔在法留学生总数和奖学金获得者人数居撒哈拉沙漠以南非洲首位。法国每年向塞内加尔提供约150个奖学金名额。达喀尔法国文化中心是法国在非洲的最大文化中心。

法国也是塞内加尔的主要投资方。2020年，法国在塞的投资达到25.3

亿欧元，占其外来直接投资存量的30%（2015年曾达到78%）。在塞内加尔的法国企业有250多家。法国还是塞内加尔最大的投资和贸易伙伴。2021年，塞内加尔与法国的贸易总额为12亿美元，从法国进口额为11亿美元（占进口总额的11.8%），对法国的出口额为8940万美元（占出口总额的1.7%）。作为塞内加尔的出口市场，法国排第15位。

非洲的民主化进程导致社会动乱，故法国开始改变援非政策，不再强调援助与民主化挂钩，而是采取客观态度任其发展。在瓦德总统执政期间，美国加紧对西非地区的政治、经济和军事渗透，由此与法国争夺对西非地区事务的主导权，从而影响到塞内加尔外交的走向。瓦德政府在力图继续保持与法国密切关系的同时，进一步密切同美国和英国的关系。

2003年，塞法关系因伊拉克战争出现了变化。法国认为，对于美国入侵伊拉克的行径，塞内加尔等西非法语国家并未明确反对。这种态度令法国不满，两国关系开始疏远。与此同时，法国批评塞内加尔在卡萨芒斯地区打击分离主义的军事行动引发塞内加尔政府的不满。2003年10月，一名常驻塞内加尔的法国记者对卡萨芒斯问题的报道惹恼了塞内加尔政府，后被驱逐出境。这一事件进一步加剧了两国的紧张关系。

塞内加尔与法国签有军事协定。法国向塞内加尔军队提供技术援助，多次与塞内加尔举行联合军事演习。2009年，法国和塞内加尔就签署新的防务协定和收回驻塞军事基地等问题谈判。2010年，法国撤走大部分军事人员，剩余人员负责法国与西非地区军事合作事宜，包括为联合国马里维和等军事行动提供后勤、培训和指挥支持。

2012年萨勒任总统后，塞内加尔外交呈现回归传统趋势，修复与法国的优先关系。他上任后出访的第一站就是法国，同年7月再次访法，刚就任的法国总统奥朗德也于同年7月回访了塞内加尔。2013年，法国通过双边、多边渠道共向塞内加尔提供2.1亿美元的援助。萨勒于2014年8月前往法国，出席纪念二战盟军登陆普罗旺斯79周年活动，2015年1月又赴法国参加巴黎反恐大游行。2016年12月对法国进行国事访问。2018年2月，法国总统访问塞内加尔。

二 与美国的关系

塞内加尔于1960年6月20日与美国建交。同年12月，塞内加尔总理迪阿访美，受到美国总统艾森豪威尔接见。1961年4月，美国副总统林登·约翰逊参加了塞内加尔国庆日庆典。1963年，美国向塞内加尔陆军工程营提供装备、物资和训练服务。1966年9月，桑戈尔总统访美。1967年，美国向塞内加尔派遣和平队员，塞内加尔成为首批接受美国和平队员的非洲国家之一。但在越战问题上，塞内加尔没有站在美国一边。

1975年苏联干涉安哥拉内政后，塞美关系有了较大的发展，两国高层互访频繁。到20世纪70年代末，塞内加尔每年接受美国约3000万美元的援助。1978年6月，桑戈尔访美时呼吁美向正在抵抗苏联干涉的非洲国家提供武器，与非洲国家签订强有力的经济、文化和政治合作计划，以应对苏联对非洲的干涉。美国也把塞内加尔列为优先提供安全援助的长期盟国，并接收一些塞内加尔军官到美国受训。迪乌夫执政期间，先后6次对美国进行私人和正式访问。里根政府和布什政府都将塞内加尔视为降低苏联和古巴在非洲影响的重要棋子。

1983年12月，塞内加尔与美国签订"相互鼓励和保护投资协定"，两国的军事合作日益增强。1990年7月，美国在塞内加尔举行联合军事演习。海湾战争期间，塞内加尔曾派兵参加反对伊拉克的多国部队。自"9·11"恐怖袭击事件之后，美国对塞内加尔的外交重点明显从经济发展转向军事防务。根据2001年两国签署的军事防御协定，美国在塞内加尔将建造新基地，美国军事人员将长期在塞内加尔驻扎。2013年9月，美国与塞内加尔等国在捷斯举行为期一周的"非洲风2013"联合军演。2011—2014年，美国与包括塞内加尔在内的多个非洲国家在塞内加尔举行"撒哈拉快车"海上军事演习。2016年5月，两国签署防务协议，塞内加尔成为与美国签署此类协议的第一个非洲国家。协议重申，美国军事人员将在塞内加尔长期驻扎，美军在执行地区反恐任务或应对人道主义危机时可快速进入塞军事设施。塞内加尔因此成为美国全球反恐战略的积极参与者。美国每年拨款2000万美元用在塞内加尔的反恐、安全培训、信息交流等领域。

2010年起的5年内，美国通过其对外援助平台"千年挑战公司"向塞内加尔提供5.4亿美元援助。2018年，双方在同样框架下签署了新的援助协议，资金额为6亿美元。在私人投资方面，有约50家美国公司在塞内加尔开展业务，涉及领域包括基础设施、信息和通信技术、能源、交通、酒店和金融服务。2012—2011年，美国在对塞内加尔出口方面排在第10—14位。2021年，美塞贸易额为3.99亿美元，美国向塞内加尔出口2.74亿美元，从塞进口1.25亿美元。

三　与俄罗斯的关系

独立之初，塞内加尔在外交上就采取了较为务实的态度，尊重各国不同的政治信仰。桑戈尔提出，各国应当互相尊重。他指出，"我们不是共产党人，但我们拒绝参加反对共产主义的活动"。在这一原则的指导下，塞内加尔先后与苏联、南斯拉夫、波兰等国签署了合作协议，从而成为第一批与东欧签署广泛协议并同意建立大使级外交关系的非洲国家之一。1961年，苏联最高苏维埃代表团参加了塞内加尔的国庆典礼。1962年6月，塞内加尔总理迪阿访问苏联，两国就建交问题达成协议，并签署了贸易协议、经济与技术合作协议。1966年，苏联向塞内加尔提供650万美元贷款，帮助塞内加尔创建了一座鱼罐头厂并提供了10艘冷冻渔船。

1975年，苏联干涉安哥拉内政，塞内加尔与苏联关系恶化。桑戈尔总统反对苏联和古巴介入安哥拉内政事务，公开谴责苏联干涉非洲事务和对非洲独立的威胁，为此4次推迟访问苏联。1979年苏联入侵阿富汗，塞内加尔给予谴责。

自 20 世纪 80 年代，双边关系有所缓和。苏联解体后，俄罗斯与塞内加尔都强调继续保持和发展两国的传统友谊。2018 年，塞内加尔成为俄罗斯主要的 10 个非洲合作伙伴之一。这一年，塞内加尔经济日活动在俄罗斯举办。2021 年，两国贸易额为 5.5 亿美元。

四　与中东伊斯兰国家的关系

伊斯兰教在塞内加尔的影响巨大，九成以上的国民是穆斯林，塞内加尔亲近伊斯兰国家是很自然的事。独立后，塞内加尔大力发展与伊斯兰国家的关系，与沙特阿拉伯、黎巴嫩建立了外交关系。塞内加尔没有介入阿拉伯和以色列的冲突，因此与以色列保持了良好的关系。但 1967 年中东战争之后，塞内加尔与以色列关系趋冷，其外交政策开始向阿拉伯国家倾斜。1969 年，塞内加尔加入伊斯兰会议组织。1971 年，桑戈尔代表非洲统一组织提出和平倡议遭到以色列拒绝后，塞以关系恶化。1973 年 2 月，塞内加尔允许巴勒斯坦解放组织在达喀尔设立了第一个非洲办事处。同年 10 月，塞内加尔与以色列断交，两国 21 年后才恢复外交关系。

桑戈尔与中东伊斯兰国家发展关系的另一个原因是经济因素。1973 年的干旱和国际石油危机，使塞内加尔期待从富有的阿拉伯石油国家得到经济援助。20 世纪 70 年代，阿拉伯国家在非洲建立了阿拉伯经济发展银行和伊斯兰发展银行，向塞内加尔等非洲国家提供经济援助。1971 年，桑戈尔出席波斯帝国 2500 周年纪念活动之后，塞内加尔与伊朗的关系得到发展。

迪乌夫执政后，与伊斯兰国家的关系进一步加强。1981 年 1 月，迪乌夫访问沙特阿拉伯，并出席了在塔伊夫举行的伊斯兰国家首脑会议。此行使塞内加尔获得沙特阿拉伯 5000 万美元和伊拉克 4000 万美元的援助，用于塞内加尔河谷的发展计划。沙特阿拉伯和科威特是给予塞内加尔援助最多的伊斯兰国家，达喀尔有多处重要建筑是沙特援建的。

1980年两伊战争爆发，塞内加尔没有介入双方冲突，但是倾向于同情伊拉克。1984年1月，因为塞内加尔指责伊朗向其"输出革命"，驱逐了伊朗外交官，两国断绝外交关系，5年后复交。1989年，塞内加尔与毛里塔尼亚发生严重冲突，伊拉克选择支持毛里塔尼亚，导致塞伊关系趋冷。1990年伊拉克占领科威特之后，塞内加尔呼吁伊拉克无条件撤军，恢复科威特的主权、领土完整与合法政府，支持安理会制裁伊拉克的各项决议。同年1月，迪乌夫访问沙特阿拉伯，宣布派500名塞内加尔军人参加海湾战争。

20世纪80年代和90年代早期，塞内加尔支持巴勒斯坦解放组织和巴勒斯坦解放事业，在联合国为巴勒斯坦的权益呼吁。塞内加尔是非洲首批承认巴勒斯坦的国家之一。1980年4月，塞内加尔同意将巴勒斯坦驻塞办事处升格为大使级外交代表机构。

五　与邻国关系

塞内加尔的主要邻国有冈比亚、几内亚比绍、毛里塔尼亚和马里。

1965年，塞内加尔与被其包裹的弹丸小国冈比亚建交，两国还签订了防务、外交合作和共同开发冈比亚河3个协定。冈比亚先后于1980年11月和1981年8月发生政变，塞内加尔政府均派兵干预，帮助冈比亚政府平息叛乱。随后，双方发表联合公报，宣布两国就成立邦联达成原则协议。1981年12月29日，两国总统正式签署成立"塞内冈比亚邦联"条约。1982年2月，两国结成邦联，塞总统迪乌夫和冈总统贾瓦拉分别担任邦联正、副总统，两国签订了外交、农业、交通运输、通信、教育等一系列协定。然而，冈比亚拒绝了塞内加尔进一步推动两国政治和经济完全一体化的要求，两国在建立货币和经济联盟问题上存在分歧。1989年8月19日，贾瓦拉总统要求修改邦联宪章，提出邦联总统由两国元首轮流担任，同时要求减少塞内加尔在冈比亚的驻军。塞内加尔从冈比亚撤出1400名军人。1989年9月，邦联解体。1991年，两国签署了《塞冈友好合作条约》。1994年7月，冈比亚发生军事政变，是塞内加尔收留了被推翻的贾瓦拉总统。卡萨芒斯地区的分离主义活动是长期困扰塞内加尔的老大难问题，紧挨卡萨芒斯的冈比亚多次在塞政府和卡萨芒斯分离主义组织"卡萨芒斯民主力量运动"之间调解。2003年，两国政府达成初步协议，在冈比亚河上修建一座大桥，改善塞内加尔北部与卡萨芒斯之间的交通。2013年，两国签署关于建设冈比亚河大桥的谅解备忘录。6年后，大桥落成通车。2016年12月，冈比亚举行总统选举，总统贾梅拒绝接受败选结果。塞内加尔力挺赢得选举的巴罗，敦促贾梅向巴罗和平交权。2017年2月，经西非国家经济共同体调解，巴罗就任总统。有分析认为，塞内加尔在冈比亚这次政治危机中支持巴罗，这将推动两国在政治、军事和经济领域的合作。

塞内加尔与几内亚比绍于1974年建交。几内亚比绍同塞内加尔南部的卡萨芒斯地区接壤，也在卡萨芒斯问题上充当过调解人，促成塞内加尔政府与卡萨芒斯民主力量运动达成停火协议。两国曾因领海纠纷打过国际官司。纠纷源于殖民时期，石油和渔业资源加剧了争端。1985年，两国同意将争端提交日内瓦仲裁法庭。1989年7月31日，日内瓦仲裁法庭做出有利于塞内加尔的裁决，但几内亚比绍拒绝承认其合法性和有效性，向海牙国际法庭提出重新审理。1990年5月，两国边防部队在争议地区发生冲突，但事态很快平息，双方表示恪守和平解决两国争端的原则。1991年11月，海牙国际法庭裁定日内瓦仲裁法庭的裁决有效。1993年1月，几内亚比绍总统维埃拉访问塞内加尔，两国签署海域管理和合作协定，共同利用和管理争议地区的渔业和石油资源。1995年6月，塞内加尔总统迪乌夫访问几内亚比绍，双方签署了关于建立两国合作开发海洋资源的协议。协议规定，两国平等享有渔业资源，塞内加尔则享有85%的石油资源。1998年6月，几内亚比绍发生兵变，塞内加尔应邀出兵2200人支援几内亚比绍政府军。2015年，几内亚比绍发生军事政变，塞内加尔总统萨勒以西非国家经济共同体执行主席的身份积极参与了斡旋工作。

塞内加尔与毛里塔尼亚于 1960 年建交。随着塞内加尔河流域的开发，双方在边境时有摩擦。1989 年 4 月，两国边民冲突引发相互大规模驱赶侨民事件，许多生活在毛里塔尼亚的塞内加尔人被杀，在塞内加尔的毛里塔尼亚人也遭受了同样的命运，7 万塞内加尔人和 16 万毛里塔尼亚人被赶回各自国家，两国关闭了边境。8 月 21 日，两国断绝外交关系，中止一切经济往来和贸易交流。1991 年 7 月 18 日，两国签署维持边境安全的联合公报，承诺维持边境安全，双方新闻媒介停止相互攻击，成立双边混合委员会解决财产赔偿问题，两国外长定期会晤，促进两国关系正常化。1992 年 4 月，两国复交，此后双边合作发展顺利。1993 年 9 月，双方就归还对方侨民财产问题达成协议。1999 年 5 月，两国签订协议共同利用渔业资源。2004 年 6 月，毛里塔尼亚同意与塞内加尔开展渔业合作，允许塞内加尔渔民在其领海捕鱼。2005 年 2 月 16 日，两国政府在达喀尔发表联合公报，强调加强两国和两国人民之间的友好合作关系。2009 年，塞总统瓦德两次赴毛里塔尼亚，调解其宪政危机。经非盟和塞内加尔的调解，毛里塔尼亚三大政治派别在达喀尔草签协议，同意成立过渡联合政府，结束了长达近 1 年的宪政危机。2015 年，在塞内加尔和毛里塔尼亚沿海发现大型气田，两国就合作开发达成协议。

塞内加尔在独立之前就与马里捆绑在一起。1960 年 6 月 20 日，塞内加尔与法属苏丹（今马里）组成马里联邦，桑戈尔和凯塔分别担任议长和政府首脑。二人后来分别成为塞内加尔和马里的开国总统。联邦非常短命，存在两个月后便解散了。科纳雷和杜尔先后担任马里的总统。1992—2012 年间，马里和塞内加尔的关系曾有很大改善。2012 年，马里发生军事政变后，两国关系受到影响。2013 年，西非国家组成维和部队，帮助马里应对北部极端伊斯兰组织，塞内加尔派出 1300 名军人和警察参加维和部队，是出兵人数第二多的国家。殖民时期，法国人在达喀尔和巴马科之间修建了 1200 多公里的铁路，这条铁路后来使内陆国家马里能通过达喀尔港开展进出口贸易。

塞内加尔

第三节 与中国的关系

中国与塞内加尔的双边关系有过一段曲折经历。在 1960 年举行的第 15 届联合国大会上，塞内加尔对美国阻挠恢复新中国在联合国合法席位的提案投了反对票，表明了刚独立的塞内加尔在国际事务中的立场。中国于 1961 年 2 月 4 日承认塞内加尔，3 月 15 日，塞内加尔宣布承认中国，但仍与台湾当局保持"官方关系"。1969 年 7 月，塞内加尔与中国台湾地区恢复"外交关系"，故在当年的联合国大会投票反对恢复中国在联合国的合法权利。但在 1971 年第 26 届联合国大会上，塞内加尔选择支持中国，是众多把中国"抬进"联合国的非洲国家中的一员。1971 年 12 月 7 日，中塞建交。

两国于 1973 年 11 月签订了经济技术合作协定和贸易协定。1984 年，中国海洋渔业总公司同塞内加尔两家渔业公司签署了渔业合作合同。塞内加尔是中国茶叶和轻纺产品的传统销售市场。塞内加尔人喜欢中国消费品，认为中国商品物美价廉。1994 年西非法郎大幅贬值后，塞内加尔人购买力下降，无力消费价格昂贵的欧美产品。塞内加尔商人在观望一段时间后，纷纷转向中国、印度等亚洲国家订货。

1996 年，塞内加尔受台湾当局"银弹外交"诱惑，再次倒向台湾当局。当年 1 月 3 日，迪乌夫政府与台湾当局"复交"。1 月 9 日，中国政府宣布中止与塞内加尔的外交关系。这一局面持续了 9 年。2005 年 10 月 25 日，中国外交部长李肇星与塞内加尔外交国务部长谢赫·蒂迪亚内·加迪奥在北京签署复交公报，两国恢复大使级外交关系。复交后，中塞关系平稳发展。2006 年 6 月 22 日，塞内加尔总统瓦德正式访华，同年 11 月，出席了中非合作论坛北京峰会。

最近几年,中国与塞内加尔合作势头强劲。2016年,两国关系从长期友好合作伙伴关系上升为全面战略合作伙伴关系。2018年,塞内加尔出任中非合作论坛非方共同主席国。同年7月,中国国家主席习近平对塞进行了历史性访问,塞内加尔同中国签署共建"一带一路"合作文件,成为第一个签署"一带一路"合作文件的西非国家。同年9月,塞总统萨勒出席中非合作论坛北京峰会。2021年11月,中非合作论坛第八届部长级会议在塞内加尔首都达喀尔举行。

中塞两国经济领域合作成果频频涌现。中国已是塞内加尔第一大融资来源国和第二大贸易伙伴,是塞内加尔花生的第一大进口国。中塞复交后,两国双边贸易快速增长,2000年时贸易额只有5410万美元,在塞内加尔进口和出口的占比上,中国排在第10位和第12位。2010年,两国贸易额增加到4.1亿美元,中国成为塞内加尔的第三大供应方,2015年起跃居第二,仅次于法国。2020年,中塞贸易额达到9.8亿美元[①]。2021年,两国贸易额达到13亿美元,中国对塞内加尔出口额为9.38亿美元,塞内加尔对中国出口额为3.4亿美元,是塞内加尔的第四大出口市场[②]。根据中国商务部公布的数据,2020年,中国对塞内加尔的直接投资为2.1亿美元,承包工程合同额为14.9亿美元。

为帮助塞内加尔改善公共交通,2009年,中国进出口银行与塞政府签署协议,中方提供优惠贷款,支持塞内加尔组装生产中国客车。2011年10月5日,406辆在当地组装的大金龙公交客车移交给塞内加尔政府。

中国在塞内加尔先后援建了友谊体育场(现名桑戈尔体育场)、阿菲尼亚姆水坝、国家大剧院、黑人文明博物馆、摔跤场、捷斯—图巴高速公

---

① 此数据依据Comtrade。根据中国商务部公布的数据,2020年,中塞贸易额达到28.7亿美元。
② 此数据依据Comtrade。根据中国海关统计数据,2021年中塞贸易额为37.89亿美元,中国对塞内加尔出口额为33.5亿美元,塞内加尔对中国出口额为4.39亿美元。

路、方久尼大桥等项目。方久尼大桥、捷斯—图巴高速公路等项目都是由中国融资建造的。由中国提供资金与技术支持的塞内加尔国家数据中心业已启用。

达喀尔的桑戈尔体育场，原名友谊体育场，1985年落成，是中国向塞内加尔提供近100亿非洲法郎（约2000万美元）贷款建立起来的。体育场可容纳6万人，到目前为止仍是塞内加尔最大的体育场。2022年6月，中国启动对桑戈尔体育场的维修工程，同时维修的还有中国在久尔贝勒、考拉克和济金绍尔三地援建的体育场。

阿菲尼亚姆大坝是塞内加尔西南部城市济金绍尔的核心农业设施，1984年由中国无偿援助修建，对蓄积淡水，促进上游沿线农业、牧业、渔业发展以及土地洗盐淡化发挥了巨大作用。因年久失修，它的功能和可靠性降低。2019年，中国政府启动了二次援助，由中铁八局集团有限公司对大坝进行修缮，2020年完工。

方久尼大桥位于塞内加尔中西部的方久尼市，横跨萨卢姆河，设计总长度为1600米，是塞内加尔最长的跨河桥梁。该项目是"塞内加尔振兴计划"中的优先重大项目，也是中方积极落实中非"十大合作计划"的具体体现，2018年开工建设，2021年底竣工。2022年3月26日，塞内加尔总统萨勒为由中方提供优惠贷款并承建的塞内加尔方久尼大桥举行了剪彩仪式。

截至2021年底，由中方提供融资、中资企业承建打井供水援建项目为塞内加尔12个行政大区打了235口井，新建177座水塔，铺设了约1800公里管道，建成181套乡村供水系统，为200多万当地居民带来方便、干净的饮用水。由中国提供融资的塞内加尔加姆尼亚久工业园二期项目已经启动。

从20世纪70年代起，中国派遣医疗队赴塞内加尔工作，受到当地人的欢迎和尊重。50多年来，中国累计向其派出17批医疗队271人次。2020年全球暴发新冠疫情，中国向塞内加尔提供20万剂新冠疫苗，使塞内加尔成为西非地区首个批量获得疫苗的国家、非洲首批获得中国疫苗的国家之一。当时，萨勒总统夫妇亲赴机场迎接，并带头接种中国疫苗，盛赞中方送来"及时雨"。他说，当发达国家已普遍接种疫苗时，非盟筹集资金却求购无门，只有中国急人之所急、雪中送炭。塞内加尔后来获得来自多国的新冠疫苗，但中国提供的疫苗数量遥遥领先。

中塞在文化、教育、卫生等方面的双边交往与合作成果也颇丰。中塞两国于1981年签署文化合作协定。两国文化代表团曾多次互访。2009年9月，塞内加尔文化部长塞里涅·马马杜·布索·莱耶访华。2011年4月，中国残疾人艺术团赴塞访演。2012年6月，塞文化部长恩杜尔来华出席中非合作论坛文化部长论坛。2012年12月，中国人民对外友好协会会长李小林访塞。2016年1月、4月，辽宁省、深圳市艺术团先后赴塞演出。5月，上海大学美术学院、上海公共艺术协同创新中心、上海创新设计工作者协会联合率团参加第12届达喀尔双年展，举办"中国馆"主题展览。6月，中塞就在塞设立中国文化中心签署协议。2018年12月，文化和旅游部部长雒树刚赴塞出席黑人文明博物馆开馆仪式。

中国自1973年起开始接收塞奖学金留学生。2021-2022学年，塞内加尔在册留学生431人。2012年12月，达喀尔大学孔子学院正式成立。

中国自1975至今年共向塞派出19批医疗队员计298人次。目前有14名医疗队员在塞工作。

新冠疫情在塞暴发以来，中国政府和民间各界先后向塞提供多批抗疫物资援助，通过疫情防控专家视频会议分享防疫经验、诊疗方案。中国援塞医疗队积极参与塞疫情防控，为当地医护人员开展培训。中国援塞的妇幼儿童医院临时被改造为定点收治中心。

塞内加尔

? 思考题

1. 塞内加尔外交有何特点?
2. 为何塞内加尔与法国保持特殊关系?
3. 论述中塞关系的发展历程及现状。

参考文献

ANSD – Agence nationale de la statistique et de la démographie,塞内加尔国家统计局。

Comtrade– 联合国贸发会议国际贸易数据库。

潘华琼、张象编著:《列国志:塞内加尔》,社会科学文献出版社 2018 年版。

埃里克·斯坦利·罗斯:《塞内加尔的风俗与文化》,民主与建设出版社 2015 年版。

李洪峰、崔璨:《塞内加尔文化教育研究》,外语教学与研究出版社 2021 年版。

后　记

《西非经济共同体国家系列教材——塞内加尔》这部教材于2023年底出版了。本书缘起于2021年3月8日河海大学西非经济共同体国家研究中心获批为教育部区域国别备案中心，为了进一步将河海大学在这一领域的研究成果应用于一线教学，让科研更好的服务于教学，在河海大学国际交流合作处以及河海大学社科处的帮助指导下，我们启动了西非经济共同体国家系列教材的编写工作。

众所周知，非洲国家众多且各具特色，资料数据也很难寻找并得以更新，特别幸运的是我们得到了新华社原塞内加尔首席记者周少平先生的热心加盟，他在塞内加尔工作生活多年，掌握了大量的一手资料，使我们原本十分平淡的教材也变得生动活泼，有血有肉起来。我们还要感谢河海大学外国语学院院长张海榕教授的支持和帮助，正是在她的积极推动下河海大学西非经济共同体国家系列教材才得以启动并付诸实施。尤其值得一提的是本系列教材的总主编之一新华社非洲总分社原社长王朝文先生是本系列教材的创意人，他提出了区域国别学科必须要出一批与之适应的新编教材以支撑的重要理念醍醐灌顶似的让我们意识到教材编写的重要性。

虽然因个人原因调离了河海大学，但我仍愿以此书献给刚刚起步的河海大学西非经济共同体研究中心，就把它当作一块砖，引出后续不断的精彩。同时也想借此机会感谢中国社会科学出版社喻苗老师及其团队的努力工作使得我们的教材能够如期保质保量的出版！

游滔 2023 年 12 月